Kerstin Diacont

Grundkurs
Sitz und Hilfen

AF202337

Müller
Rüschlikon

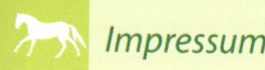
Einbandgestaltung: Nicola van Ravenstein, R2

Titelbild: Kerstin Diacont

Fotos und Grafiken: Kerstin Diacont und Archiv Diacont
Archiv Diacont: Hakan Baydemir: S. 27 – Simone Braun: S. 46, 85 – Martina Engelberg: S. 35, 41 re, 64, 78 re – Anja Gebauer: S. 24 li, 37, 62, 67 li, 81 – Laura Idler: S 75 re – Julia Jung: S. 13 re, 32 oben, 33, 34 – Dr. Ulrich Kipper: S.4, 11, 18, 65, 71, 79 – Volker Michael Menz: S. 23 – Annette Müller: S. 78 li – Effi B. Rolfs: S. 22, 38, 41 li, 83 – Anne Schwab: S. 87 – Carolin Sellmann: S. 55 – Heidrun Süßmuth: S. 20, 49, 52 re, 69, 75 li, 90 oben re+li – Verena Troschke: S. 48, 90 re unten – Jürgen Wahrhusen: S. 30 li, 32 – Patricia Werner: S. 19, 29

Alle Angaben in diesem Buch wurden nach bestem Wissen und Gewissen gemacht. Sie entbinden den Pferdehalter nicht von der Eigenverantwortung für sein Tier. Für einen eventuellen Missbrauch der Informationen in diesem Buch können weder die Autorin noch der Verlag oder die Vertreiber des Buches zur Verantwortung gezogen werden. Eine Haftung für Personen-, Sach- und Vermögensschäden ist ausgeschlossen.

Eine frühere Auflage dieses Buches ist unter der ISBN 978-3-275-02050-8 erschienen.

ISBN   978-3-275-02147-5

Copyright © by Müller Rüschlikon Verlag
Postfach 103743, 70032 Stuttgart
Ein Unternehmen der Paul Pietsch Verlage GmbH & Co. KG

3. Auflage 2024

Sie finden uns im Internet unter www.mueller-rueschlikon-verlag.de

Nachdruck, auch einzelner Teile, ist verboten. Das Urheberrecht und sämtliche weiteren Rechte sind dem Verlag vorbehalten. Übersetzung, Speicherung, Vervielfältigung und Verbreitung einschließlich Übernahme auf elektronische Datenträger wie DVD, CD-ROM usw. sowie Einspeicherung in elektronische Medien wie Internet usw. ist ohne vorherige Genehmigung des Verlages unzulässig und strafbar.

Lektorat: Claudia König
Innengestaltung: Kerstin Diacont
Druck und Bindung: DZS Grafik d.o.o., 1210 Ljubljana
Printed in Slovenia

1 Einleitung

1. Einleitung

Dieses Einführungsbuch soll Ihnen die Grundlagen des Reitsports nahebringen. Dabei liegt der Schwerpunkt auf dem Verständnis anatomischer und psychologischer Zusammenhänge sowie den wesentlichen Fähigkeiten, die Sie für das kontrollierte Reiten in den drei Grundgangarten erlernen müssen, wenn Sie weder dem Pferd noch sich selbst Schaden zufügen wollen. Bewusst sind in diesem Buch alle Bereiche, die nicht direkt etwas mit dem Verständnis der körperlichen und psychischen Zusammenhänge beim Reiten zu tun haben, weggelassen. Sie werden hier keine Anweisungen für das richtige Putzen, Satteln und Aufzäumen finden. Lassen Sie sich das in Ihrer Reitschule zeigen. Und Sie werden auch keine Ausrüstungstipps bekommen. Über Sättel, Zäumungen, Gebisse und Zubehör gibt es so viel zu sagen, dass es eigene Bücher füllt.

Beginnen wir also nun mit den Anforderungen an den angehenden Reiter. Es sind im Wesentlichen *3 Grundforderungen*, die das Reiten sicher und pferdeschonend machen. Sie sind im nebenstehenden Kasten aufgeführt.

Mit diesen drei harmlos klingenden Grundforderungen ist alles umrissen, was der Reiter lernen muss, um sich harmonisch, sicher, stressfrei und Pferde schonend auf dem Pferderücken fortzubewegen. Unterschätzen Sie jedoch die Tragweite und Vielschichtigkeit dieser Forderungen nicht. Gehen Sie davon aus, dass Sie Ihr ganzes Reiterleben damit zubringen können, immer noch etwas in einem der Bereiche dazuzulernen. Doch gerade die breite Palette an Fähigkeiten, die erlernt werden können, macht ja den Reitsport und die Beschäftigung mit dem Lebewesen Pferd so interessant.

Grundforderungen

■ *Reiten soll Spaß machen. Das Pferd soll ein verlässlicher, kooperativer Freizeitpartner sein, der mit Ihnen durch dick und dünn geht. Damit Sie Spaß am Reiten haben können, brauchen Sie (und das Pferd) jedoch eine solide Grundausbildung.*

■ *Der Reitsport soll nicht auf Kosten des Pferdes gehen. Wo den Bedürfnissen des Pferdes nicht Rechnung getragen und es zu einem reinen Fortbewegungsmittel oder Sportgerät degradiert wird, hört der Spaß auf, und die Tierquälerei beginnt.*

■ *Reiten soll »sicher« sein. Durch den Erwerb von Fähigkeiten und Wissen rund ums Pferd erlangen Sie Kontrolle über das Pferd. Damit vermeiden Sie, dass Reiten lebensgefährlich wird.*

2 Theoretische Grundlagen

Psychologie, Anatomie,
Körpersprache und Bewegungsgefühl

2. Theoretische Grundlagen: Psychologie, Anatomie, Körpersprache und Bewegungsgefühl

Voller Einsatz – Gefordert sind Körper, Geist und Seele

Damit Sie das Pferd sicher und artgerecht beherrschen können, müssen Sie ganzheitlich an das Thema »Pferd und Reiten« herangehen und Zusammenhänge verstehen.

Der sportlich-körperliche Aspekt des Reitens, in dem es darum geht, Muskelgruppen zu trainieren, die speziell beim Reiten beansprucht werden, sowie Kondition und »Balance in der Bewegung« zu erlangen, ist nur ein kleiner Teil des Lernprogramms. Und selbst dieser Teil ist schon umfangreich:

Ein wichtiger Bestandteil des körperlichen Trainings ist die Entwicklung bzw. Verbesserung des Körper- und Bewegungsgefühls. Sie müssen sich des eigenen Körpers, seiner Schwachstellen und seiner Reaktionen vollständig bewusst werden. Nur dann können Sie die zum Reiten notwendige Körperspannung erlernen und trainieren, falsche (Ver-)Spannungen erkennen und vermeiden, sich den Bewegungen des Pferdes harmonisch anpassen und Ihre einzelnen Körperteile schließlich so koordinieren, dass Sie erstens »stabil« ausbalanciert auf dem Pferd sitzen und zweitens dem Pferd über die gezielte Veränderung Ihrer Sitzposition präzise Signale übermitteln können.

»Balance« – die des Reiters und die des Pferdes – ist einer der Schlüsselbegriffe beim Reiten. Balance bezieht sich dabei sowohl auf das körperliche Gleichgewicht als auch auf das psychische.

Stabilität, Balance, Haltung und Handlungsfreiheit

Stabilität und Balance bedingen einander. Stabilität erfordert isometrische Spannung im Körper des Reiters an den »richtigen« Stellen – in der Muskulatur von Bauch/Oberkörper und Oberschenkeln. Dazu ein frei bewegliches Becken und Losgelassenheit in allen Gelenken, so dass Arme und Beine unabhängig agieren können (der »unabhängige Sitz«, d.h. unabhängig von den Bewegungen des Pferderückens). Ausbalancieren kann sich der Reiter nur, wenn er seine einzelnen Körperteile mit losgelassenen Gelenken sauber übereinander ausrichtet, so dass er Arme und Beine nicht zum Festhalten braucht, sondern sie gezielt für Signale ans Pferd – die Hilfen – einsetzen kann.

Fehlende Balance und mangelndes Körpergefühl führen zu Verkrampfungen, Sitz- und Verständigungsproblemen und lösen die Angst vor dem Herunterfallen aus. Da das Pferd uns in Bezug auf Körperkraft und Reaktionsschnelligkeit deutlich überlegen ist, müssen Sie auch Ihre Reflexe trainieren, damit Sie durch eine unkontrollierte Bewegung des Pferdes nicht in Gleichgewichtsnöte kommen und um unerwünschte Aktionen des Pferdes im Ansatz zu unterbinden.

Ein kleiner Einblick in anatomische Gegebenheiten beim Pferd und bei sich selbst hilft Ihnen beim Verständnis und beim Training bestimmter Bewegungsabläufe. Und er hilft Ihnen, zu verstehen, warum Sie in einer bestimmten, anfangs

links: Gute Kommunikation kommt mit minimalen Hilfsmitteln aus.
Seite 9: Betrachten Sie das Pferd als Partner und gehen Sie freundlich mit ihm um.

garantiert unbequem erscheinenden Haltung auf dem Pferd sitzen sollen, wenn Sie Hilfen geben wollen, die das Pferd auch versteht und befolgt, und warum ein Pferd in einer bestimmten Haltung geritten werden muss, wenn Sie ihm und sich selbst nicht auf Dauer schaden wollen.

Die Kommunikation mit dem Pferd

Richtige Kommunikation mit dem Pferd ist nur möglich, wenn Sie wissen, welche Art von Signalen das Pferd von Natur aus versteht und welche Sie ihm zusätzlich beibringen müssen (bzw. welche ihm zusätzlich beigebracht worden sind). Das Erlernen rein mechanischer Signale (Hilfen), mit denen Sie das Pferd steuern können, nützt Ihnen nichts, wenn Sie nicht wissen, warum ein Pferd auf diese Hilfen reagiert. Ein Pferd ist kein Roboter, reagiert aber durchaus in den meisten Fällen vorhersehbar. Viele Reaktionen des Pferdes können Sie allerdings nicht verstehen, wenn Sie nicht wissen, wie ein Pferd »tickt«, wovor es z.B. artspezifisch Angst hat, was es als angenehm empfindet oder wie es sich mit dem zusätzlichen Reitergewicht arrangiert. Das Pferd wird für Sie unberechenbar und damit manchmal »unlenkbar«, wenn Sie seine Verhaltensgrundmuster nicht verstehen. Daraus resultiert die Angst des Reiters vor dem Verlust der Kontrolle. Dass das Pferd nicht so unberechenbar ist, wie es manchmal scheint, lernen Sie erst, wenn Sie einen kleinen Einblick in seine Verhaltensstruktur gewonnen haben.

Emotionale Kontrolle – logisches und konsequentes Handeln

Wo wir gerade von Kontrollverlust geredet haben, noch ein Wort zur emotionalen Kontrolle: Neben der Angst sollte der angehende Reiter auch die verwandten Emotionen wie Wut und Jähzorn in den Griff bekommen. Nur wenn Sie beim Umgang mit dem Pferd und im Sattel immer beherrscht, konsequent und logisch, d.h. folgerichtig handeln, haben Sie auf Dauer Erfolg. Ja – auch Logik gehört zu den wünschenswerten Fähigkeiten des Reiters, denn das Kommunikationssystem mit dem Pferd, die Hilfengebung, ist in sich logisch aufgebaut. Inkonsequenz, Ungerechtigkeit und Unbeherrschtheit setzen die Logik des Systems teilweise außer Kraft und verunsichern das Pferd.

Bewusstes Sehen – Entwicklung der Beobachtungsgabe

Zu guter Letzt gehört auch noch eine gute Beobachtungsgabe, ein »bewusstes Sehen« zum Reiten. Auch diese können Sie lernen und/oder verbessern. Beobachten Sie möglichst viele gute Reiter im Training (aber Achtung: Nicht jeder langjährige, so genannte erfahrene Reiter ist ein guter Reiter. Das gilt auch für Turnierreiter). Bewusstes Sehen versetzt Sie in die Lage, gutes, harmonisches Reiten von schlechtem, disharmonischem zu unterscheiden. Reiten lernt man zwar nicht allein vom Zuschauen, aber es kann sehr hilfreich sein, wenn man sich die »richtigen« Dinge abschaut und nicht erst auf Irrwege gerät.

Ein Pferd macht keine Fehler!

Lernen Sie auch, Ihre eigenen Fähigkeiten realistisch einzuschätzen. Suchen Sie die Ursache eines »Fehlers« immer zuerst bei sich selbst und dann erst beim Pferd. Überspitzt muss es sogar heißen: Das Pferd kann keine Fehler machen, weil es gar nicht weiß, was ein Fehler ist. Es weiß allerhöchstens, was es darf und was es nicht darf, wenn es gut erzogen ist. Und es lernt in seiner eigenen Grundausbildung, auf Signale des Reiters in einer bestimmten Weise zu reagieren. Reagiert es nicht wunschgemäß, dann haben Sie ihm nicht deutlich genug oder nicht richtig gezeigt, was Sie wollen. Oder es hatte keine ordentliche Grundausbildung (und dafür kann es nichts).

Koordination und Kopfarbeit

Beschäftigen Sie sich also mit allen Teilaspekten des Pferdesports so ausführlich wie möglich. Das kostet Zeit und Schweiß und manchmal auch Nerven. Doch es zahlt sich aus, denn je mehr Sie wissen und können, desto besser sind Ihre Kommunikation mit dem Pferd und Ihre Kontrolle über das Pferd. Trainieren Sie sich und das Pferd in einer der Anatomie von beiden angemessenen Weise, dann entsteht echte Harmonie, und Sie reiten Ihr Pferd schön und bequem, ohne unnötigen Kraftaufwand.

Gutes Reiten ist letztendlich nie Kraftakt oder Kampf mit dem Pferd, sondern immer gute Koordination plus »Kopfarbeit« des Reiters. Es gibt den schönen Satz: Mathematik ist die Kunst, das Rechnen zu vermeiden (will sagen: Wer das System verstanden hat und richtig anwenden kann, spart sich durch logisch aufgebaute Formeln das mühsame Zu-Fuß-Ausrechnen einzelner Teilergebnisse). Auf den Reitsport übertragen könnte es heißen: *(Gutes) Reiten ist die Kunst, Kraft durch Koordination und Köpfchen zu ersetzen.*

»Ohne Kraft« bezieht sich dabei allerdings weitgehend auf die Art der Einwirkung, auf die Hilfengebung, die ohne Kraft und ständigen Sporeneinsatz vonstatten gehen soll. Idealerweise reagiert das Pferd auf minimale Signale des Reiters und der Reiter setzt mit den Hilfen aus, solange das Pferd tut, was es soll.

»Ohne Kraft« bedeutet nicht, dass der Reiter wie ein schlaffer Sack dem Pferd im Kreuz hängt; er muss im Gegenteil einiges an Energie (isometrischer Spannung) aufbieten, um sich selbst aufrecht und stabil zu halten; auch das ist eine Form von (Muskel-)Kraft. Die anatomisch richtige isometrische Körperspannung des Reiters wird jedoch nicht über die Hilfen als »Druck« ans Pferd weitergegeben, sondern entlastet im Gegenteil sogar das Pferd von einem Teil des Reitergewichtes und erleichtert ihm das Tragen des Reiters. Doch dazu später mehr.

Aller Anfang ist schwer

Dem interessierten Anfänger in Sachen Reitsport stellen sich zwei Hauptaufgaben:
Das Angebot an Reitweisen, Reitbetrieben, Reitlehrern und Ausbildungsmethoden ist unübersichtlich und hinsichtlich der Qualität selbst von einem erfahrenen Reiter nicht so ohne weiteres einzuschätzen.
Umso mehr Schwierigkeiten hat der unerfahrene Reiter. Viele so genannte »Reitmethoden« unterscheiden sich nur in Kleinigkeiten voneinander. In bestimmten Reitstilen, wie z.B. in der Westernreitweise, werden die Pferde hinsichtlich eines anderen »Verwendungszweckes« als in der englischen Reitweise ausgebildet – die Grundausbildung weist dabei aber viele Gemeinsamkeiten auf. Wo allerdings die Reitweise vom Typ des

Die verschiedenen Reitweisen unterscheiden sich nicht hinsichtlich der Anforderungen an Gleichgewicht und Koordination des Reiters. Unterschiede gibt es in der Ausrüstung und in einigen Trainingsmethoden, die sich an den Spezialitäten der jeweiligen Reitweise orientieren.

Pferdes abhängt, und das Eingehen auf spezielle Gegebenheiten erfordert (z.B. bei Gangpferden), gibt es tatsächliche Unterschiede, die sich jedoch nur auf die »Spezialitäten« der jeweiligen Pferde beziehen.

Balance und Gymnastik als Grundlage jeder soliden Ausbildung

Alle Reitweisen, Reitstile und Reitmethoden basieren auf dem gleichen Grundprinzip, was da heißt: Stabilität, Balance und Gymnastik für Reiter und Pferd.

Der Reitanfänger muss sich auf dem Pferd ausbalancieren und ein dynamisches Gleichgewicht in allen Gangarten erreichen. Das unerfahrene Pferd muss sich unter dem Reitergewicht neu ausbalancieren und lernen, den Reiter ohne Verkrampfungen zu tragen. Sowohl der Reiter als auch das Pferd müssen beweglich sein oder werden; die bei beiden vorhandenen Asymmetrien müssen so weit wie möglich »wegtrainiert« wer-

Die Kriterien für die funktionelle Haltung und Gleichgewicht des gerittenen Pferdes sind für alle Pferdetypen und Reitweisen die gleichen. Um das Pferd gesund zu erhalten und keinen Schaden an Muskulatur und Gelenken anzurichten muss der Reiter in einer bestimmten Weise sitzen und einwirken (links ein Connemara und rechts ein polnischer Warmblüter).

den. Reiter und Pferd sind »Sportler«, die trainieren bzw. trainiert werden müssen, um einen gewissen Leistungsstand zu erreichen – und kontinuierlich weiterarbeiten sollten, um sich zu verbessern.

Die Begriffe Balance, Stabilität und Gymnastik müssen in jedem ernst zu nehmenden Ausbildungsbetrieb an erster Stelle stehen. Das bedeutet für den Reiter: Sitzübungen auf dem Pferd an der Longe, bis alle Gangarten des Pferdes ohne Verkrampfung und ohne Muskelkater »gesessen« werden können. Auch, wenn sich das der eine oder andere nicht so schwierig vorgestellt hat, und lieber von einem wilden Galopp im Gelände träumt – so beginnt das Reitenlernen: mühsam und mit nur kleinen Fortschritten. Jeder Reitbetrieb, der Ihnen etwas anderes verspricht, ist mit Vorsicht zu genießen.

Das Gleiche gilt für das Pferd. Jedes Lehrpferd muss eine gymnastizierende Grundausbildung durchlaufen haben, die es erst in die Lage ver

Für manche Spezialdisziplinen gelten andere Regeln der Funktionalität, wie z. B. im Rennsport. Rennpferde werden auf Schnelligkeit für meist recht kurze Distanzen trainiert. Der »frei schwebende« Sitz von Jockeys und die kopflastige Haltung des Pferdes im Rennen sind für den »Normalbetrieb« nicht geeignet. Das linke Bild zeigt einen Vollblüter in Rennkondition, das rechte ein umtrainiertes Rennpferd mit einer zum Tragen des Reitergewichtes über einen längeren Zeitraum geeigneten Haltung.

setzt, einen Reiter halbwegs bequem und ausbalanciert zu tragen. Wo solche Pferde nicht zur Verfügung stehen, können Sie als Reiter auch nichts Vernünftiges lernen, denn auf einem steifen, unausbalancierten Pferd kann keiner sitzen lernen, ganz zu schweigen von der richtigen Hilfengebung.

Werfen Sie noch einen Blick auf die **Haltungsbedingungen** und den gesundheitlichen Zustand der Pferde: Licht, Luft und freier Auslauf sollten auch für Schulpferde keine Fremdworte sein.

Und wenn Sie beim Unterricht zuschauen, achten Sie darauf, wie auf Fragen der Reitschüler eingegangen wird. Werden sie mit Floskeln wie »das ist eben so« abgespeist, dann suchen Sie sich einen anderen Ausbildungsstall, denn hier können Sie keine Zusammenhänge lernen.

Mit dem nächsten Thema befinden wir uns schon mitten in der Grundausbildung des Reiters. Man kann es folgendermaßen formulieren: Der Reitanfänger weiß erst einmal nicht, wo es hingeht.

Wenn Pferde ihr Bewegungsbedürfnis auf der Koppel befriedigen können, hat der Reiter weniger Probleme mit der Kontrolle.

Der Reitanfänger weiß nicht, wo die Reise hingeht

Das bedeutet: Als Anfänger arbeiten Sie blind auf ein Ziel hin – Harmonie mit dem Pferd –, welches Sie gefühlsmäßig noch nicht erfassen können. Sie können einfach noch nicht wissen, wie sich das anfühlt, wenn eine »Hilfe durchkommt«, d.h. wenn Sie Signale nur noch andeuten müssen, und das Pferd darauf reagiert. Sie haben noch keine Ahnung, wie es sich anfühlen muss, wenn ein Pferd »den Rücken loslässt« und dann für Sie als Reiter in seiner bequemsten Form zu sitzen und zu kontrollieren ist. Und das Hauptproblem: Ein wirklich fein abgestimmtes, losgelassenes Pferd, welches sensibel auf Reitersignale reagiert, können Sie als Anfänger gar nicht reiten, denn Sie würden es durch Ihre groben, noch nicht koordinierten Hilfen verwirren (Auch der Fahranfänger kann keinen Rennwagen steuern). Ein Reiter im Anfangsstadium muss zwar ein Pferd mit solider Basisausbildung reiten. Doch das Pferd muss auch gutmütig sein, sodass es eine falsche oder grobe Hilfe nicht übel nimmt. Diese Gutmütigkeit geht natürlich immer mit einer gewissen Abgestumpftheit einher, sodass das Pferd auch einem richtig gegebenen Signal des Reiters nicht immer sofort und in gewünschter Weise folgt. Zum reinen »Sitzen-Lernen« ist jedoch ein solches Pferd geeignet, weil es den noch nicht gefestigten Reiter nicht durch unkontrollierte »Seitensprünge« aus dem noch wackligen Gleichgewicht bringt. Wichtig ist, dass der Reitlehrer sieht, wann er einen Anfänger auf ein sensibler reagierendes Pferd setzen kann, sodass der Reiter ein Gefühl für den effektiven Einsatz seines eigenen Gewichtes über verschiedene Sitzpositionen und für richtige Hilfenkoordination (das berühmte Zusammenspiel der Hilfen) bekommt. Nur dieses Gefühl für ein Signal zur rechten Zeit an der richtigen Stelle führt zu einer Reduzierung des Kraftaufwandes beim Reiten, zu einer Minimierung der Signale (Hilfen) und schließlich zur Harmonie zwischen Reiter und Pferd. Dass das nicht von heute auf morgen geht, sondern meist Jahre dauert, sollte dabei nicht verwundern.

Konzepte zur Orientierung

Um Ihnen ein paar Bewertungskriterien für die Wahl (oder den Wechsel) Ihres Ausbildungsbetriebes sowie für die eigene reiterliche Entwicklung an die Hand zu geben, will ich einige Basiskonzepte vorstellen, die einen Anhaltspunkt für sinnvolle Ausbildung in jeder Reitweise geben können.

Ein logisch aufgebautes System

Reiten und der Umgang mit Pferden gehören zu einem in sich »logisch« aufgebauten System. Verschiedene Reitweisen variieren das System in

Der Reitanfänger weiß noch nicht, wo die Reise hingeht. Wie dieses Kind muss er sich zu Anfang auf die Führung durch Ausbilder und Pferd verlassen. Wenn er Glück hat, findet er frühzeitig gute Ausbilder; oft ist der Weg zum harmonischen Reiten jedoch mit vielen Irrtümern gepflastert ...

einigen Teilen. Variationen sind jedoch nur möglich, wo es sich nicht um tragende Grundpfeiler des Systems handelt.

Die drei Grundpfeiler im Pferdesport sind:
- Das natürliche Verhalten und die Anatomie eines Pferdes verstehen und nicht gegen Natur gegebene Beschränkungen verstoßen.
- Anatomische und psychologische Gegebenheiten des Reiters berücksichtigen.
- Das Kommunikationssystem zwischen Mensch und Pferd (die Hilfengebung) folgerichtig und artgerecht (dem Pferd verständlich) aufbauen, d.h. fortschreitend von einfachen (natürlichen) zu komplizierteren (antrainierten) Signalen.

Man kann sich das so vorstellen, dass der Mensch als Reitschüler zuerst die Pferdesprache lernt, indem er sich mit dem Verhalten und der Psyche von Pferden auseinander setzt. Gleichzeitig beschäftigt er sich mit der Anatomie, den Fortbewegungsarten (den Gangarten und der daraus resultierenden Rückenbewegung des Pferdes), indem er die Balance auf dem sich bewegenden Pferderücken sucht. Und schließlich findet er heraus, wie er dem Pferd einfache Signale durch kontrollierten Einsatz seines eigenen Körpers, durch Veränderung seiner Position auf dem Pferderücken, geben kann.

Alles ist erklärbar

Wo im Reitunterricht auf Erklärung der Grundlagen verzichtet wird, können Sie sich als Reitschüler kein Bild der Zusammenhänge machen. Sie wissen nicht, warum ein Pferd auf ein Signal von Ihnen reagiert oder auch nicht. Das Pferd bleibt für Sie unberechenbar.

Jede Anweisung, die ein Ausbilder Ihnen gibt, muss er logisch begründen können, wenn Sie ihn danach fragen. Einem guten Ausbilder können

Sie »Löcher in den Bauch« fragen. Er wird Ihnen die Zusammenhänge erklären. Es kann allerdings gut sein, dass Ihnen nicht alles von Anfang an klar wird. Doch das Thema Pferd ist ein komplexes System, welches nicht sofort in einem Stück erfassbar ist. Sie dürfen und müssen deswegen mehrfach nachfragen.

Nur ein Grundkonzept für alle Reitweisen

Auch wenn mich die »militanten« Verfechter der einen oder anderen Reitweise jetzt steinigen werden: Es gibt nur ein einziges, anatomisch und psychologisch richtiges Grundkonzept beim Reiten. Es ist die Grundlage für jedes artgerechte und damit Pferde schonende Reiten. Ob das in der »Hohen Schule« gipfelt, der Reining des Westernpferdes oder im Wanderreiten. Die Basis ist die Gleiche, und nur die Übungen für fortgeschrittene Pferde und Reiter werden hinsichtlich des Zieles der Ausbildung modifiziert. Ein Profi-Westerntrainer hat das einmal bezüglich des westerntypischen Hilfensystems schön ausgedrückt: Es kommt nicht erst »Western« und dann »Reiten«, sondern umgekehrt: erst »Reiten« und dann »Western«. Das Reiten an sich, das Grundkonzept, muss zuerst gelernt werden, und dann erst kommt die westerntypische Hilfengebung »obendrauf«.

Immer der Reihe nach

Versuchen Sie nicht, Ihre Ausbildung auf die falsche Weise zu beschleunigen. Wenn Sie im Trab noch nicht ausbalanciert sitzen können, brauchen Sie nicht mit dem Galopp zu liebäugeln. Wenn Sie Ihre einzelnen Körperteile nicht gezielt und mit dosiertem Krafteinsatz bewegen können, brauchen Sie sich nicht zu wundern, wenn das Pferd nicht in gewünschter Weise reagiert.

Das Grundkonzept des ausbalancierten Sitzes gilt für alle Reitweisen, für Geländereiter und Turnierreiter, gleichermaßen. Leider sieht man auch in hochklassigen Dressurprüfungen nur selten so gute Bilder wie dieses hier, bei dem alles stimmt.

Beginnen Sie immer mit Übungen im Schritt, um sich selbst und Ihre einzelnen Glieder zu koordinieren. Im Schritt brauchen Sie keine Konzentration auf das schlichte Sitzenbleiben im Sattel zu verwenden und haben den Kopf für die Hilfenkoordination über Beckenstellung, Gewichtseinsatz, Zügel und Schenkel frei. Erst wenn Hilfen auch im Trab koordiniert gegeben werden können, ist der Galopp an der Reihe. Der Trugschluss, dass nur ein richtiger Reiter ist, wer möglichst bald auch galoppieren kann, rächt sich mit einem im Galopp verkrampft sitzenden und deswegen »absturzgefährdeten« Reiter. Deswegen: Überstürzen Sie nichts und fordern Sie nicht mehr, als Sie leisten können. Reiten braucht nun mal Zeit, Geduld und ein wenig Selbsterkenntnis und -disziplin.

Gurus – nein, danke!

Es gibt immer wieder Ausbilder, die gerade »in Mode« sind und deswegen in aller Munde. Bei diesen angesagten »Reit-Gurus« handelt es sich manchmal um hervorragende Leute, manchmal aber auch nur um »Schwätzer« mit nicht fundierten Wundermethoden, die sich gut verkaufen können. Als noch wenig fortgeschrittener Reiter haben Sie von beiden nichts. Vom Schwätzer nicht, weil er Ihnen keine solide Basis vermittelt, und von dem guten Ausbilder nicht, weil Sie bei einem hoch qualifizierten Unterricht für fortgeschrittene Pferde und Reiter noch nicht viel für sich selbst »mitnehmen« können, wenn die Grundlagen noch nicht sitzen. Und weil so manchem von diesen Ausbildern die Geduld für den Anfänger fehlt.

Damit ein schneller Galopp nicht außer Kontrolle gerät, braucht es gute Grundlagen.

Wissen erwerben
Sehen lernen

3

Die Wirkung der eigenen
Körpersprache testen

3. Wissen erwerben, Sehen lernen.
Die Wirkung der eigenen Körpersprache testen

Die Anatomie des Pferdes kennen lernen

Die Schwachstellen des Reitpferdes

Das Pferd ist von Natur aus nicht mit einer besonders tragfähigen »Rückenkonstruktion« ausgestattet. Die Wirbelsäule des Pferdes hängt mehr oder weniger frei – nur durch Muskeln und Bänder gestützt – zwischen dem Widerrist und der Hüfte. Auf diese »hängende Brücke« aus einzelnen Wirbeln wirken Sie nun mit Ihrem Gewicht senkrecht von oben ein, wenn Sie auf dem Pferd sitzen. Je weniger Tragemuskulatur das Pferd aufgebaut hat, desto eher hängt sein Rücken nun unter der zusätzlichen Belastung durch das Reitergewicht nach unten durch. Im schlimmsten Fall können die Dornfortsätze der Wirbel aneinanderreiben, weil sie durch die Belastung oben zusammen und unten auseinander gedrückt werden. Das Pferd hat Rückenschmerzen, verspannt sich und lässt Sie deswegen schlecht sitzen. Das Pferd mit durchhängendem oder weggedrücktem Rücken ist mit einem Menschen vergleichbar, der ständig mit extremem Hohlkreuz läuft.

»Zusammenstellen« des Pferdes – der Spannungsbogen

Dem Hohlkreuz des Pferdes kann man als Reiter entgegenwirken, indem man die Tragemuskulatur des Pferderückens aufbaut, sodass sie das Durchhängen des Rückens verhindert. Die maßgebliche Muskulatur kann nur aufgebaut werden, wenn die Oberlinie des Pferdes (der Rücken und der Hals bis zum Genick) gedehnt wird. Man sagt dann: Das Pferd geht über den Rücken. Das ist nur möglich, wenn die **Bauchmuskeln** des Pferdes richtig arbeiten, die Hinterbeine aktiv und weit unter den Schwerpunkt des Pferdes treten und wenn es die Nase mit gedehntem Hals senkt.

Grob skizziert bilden dann Rücken- und Halslinie des Pferdes einen gleichmäßig nach oben gewölbten (»ungebrochenen«) Bogen. Dieser verhindert, dass die Wirbelsäule durchhängt. Man nennt diesen Bogen auch »**Spannungsbogen**«. Er wird durch treibende und verhaltende Hilfen des Reiters erzeugt und erhalten. Durch

Die korrekte Haltung ist unabhängig von Ausrüstung und Reitweise: hier ein Araber mit gebissloser Zäumung am losen Zügel.

Vortreiben bringt er die Hinterhand zum energischen Vortreten (wenn sie das nicht von allein tut), und durch Verhalten am Zügel begrenzt er den Bogen vorn. Vorhand und Hinterhand des Pferdes werden »zusammengehalten«. Man spricht von »Zusammenstellen« des Pferdes. Je besser das Pferd mit den Hinterbeinen vortritt und dabei die Schulter anhebt, desto stärker wölbt sich der Spannungsbogen. Das Pferd wird optisch kürzer, der Rücken tragfähiger. Eine stärkere Wölbung ist jedoch erst zu erzielen, wenn die Hinterhand des Pferdes durch Training stärker geworden ist und den größeren Teil des Gewichtes von Reiter plus Pferd aufnehmen kann. Man verbessert die Tragkraft der Hinterhand und die Stabilität des Rückens und nennt die ganze Prozedur schließlich »Versammlung«.

Belastung von den Vorderbeinen wegnehmen

Es gibt noch einen weiteren anatomischen Schwachpunkt des Reitpferdes, und das sind die Vorderbeine. Sie sind anfälliger gegen Überlastungsschäden durch das Gewicht des Reiters als die Hinterbeine. Sie sind grundsätzlich »ungefedert«, denn alle Gelenke der Vorderbeine liegen fast senkrecht übereinander. Die Gelenke der Hinterbeine dagegen (Hüfte, Knie und Sprunggelenk) stehen winkelig zueinander und können stärker abgewinkelt werden (Hankenbeugung); sie erzeugen mit den Muskeln der Hinterhand zusammen eine Federwirkung, eine Art »Schnellkraft«. Dazu muss jedoch die Muskulatur des Pferdes richtig durch den Reiter trainiert werden. Durch das Gewicht des Reiters, der näher an der Vorhand des Pferdes sitzt, weil dort der »wirbelsäulentechnisch« beste Platz dafür ist, wird nun die Vorhand, die nur eine Stütz- und keine »gefederte« Tragefunktion hat, zu stark belastet.

Belastung von den Vorderbeinen wegnehmen: So sieht ein richtig versammeltes Pferd aus. Bis dorthin bedarf es viele Jahre der Ausbildung.

Damit Schäden an Sehnen und Gelenken des Pferdes vermieden werden, muss die Hinterhand dazu gebracht werden, die Vorhand von dem »Zuviel« an Gewicht zu entlasten und mehr zu tragen. Das Pferd wird durch das Zusammenstellen und schließlich die Versammlung praktisch auf die Hinterhand »gesetzt«. Mit Versammlung wollen wir uns in diesem Buch jedoch noch nicht beschäftigen.

Geradeausreiten ist schwerer, als Sie denken. Das gut gerade gerichtete Pferd in korrekter Haltung lässt den Reiter bequem sitzen und trägt sich selbst bei minimalem Zügelkontakt.

Geraderichten – richtig Geradeausreiten ist schwerer als Sie denken

Das Pferd muss durch gymnastische Übungen dazu gebracht werden, beide Hinterbeine gleichmäßig zu belasten, d.h. mit beiden Hinterbeinen gleich viel Gewicht aufzunehmen. Nur dann kann es überhaupt geradeaus gehen. Nun – Geradeaus reiten kann ja wohl nicht so schwer sein, denken Sie jetzt. Doch, es ist schwer! Das Geraderichten gehört zwar zur Grundausbildung des Pferdes, doch Sie können Ihr Pferd paradoxer-

weise nur gerade richten, wenn Sie es vorher biegen können. Das Pferd hat von Natur aus eine schlechtere, d.h. steifere Seite und damit ein Hinterbein, welches sich der Belastung gerne entziehen will, wie auch der Mensch Rechts- oder Linkshänder ist und deswegen auf einer Seite etwas steifer und unkoordinierter. Auf der steifen Seite »drückt« sich das Hinterbein vor dem Winkeln, dem Untertreten und damit vor dem Tragen – das Pferd geht aus diesem Grund leicht schief und schiebt sein Gewicht auf die diagonal

Alle Pferde stellen die gleichen Anforderungen an eine funktionelle Ausbildung unter dem Sattel – egal ob es sich um Hannoveraner oder Norweger handelt.

gegenüberliegende Schulter. Nur über wechselseitige Längsbiegung des Pferdes können Sie gezielt auf jeweils ein Hinterbein gymnastizierend einwirken, um dieses spezielle Hinterbein zu trainieren und dazu zu bringen, Gewicht aufzunehmen.

Geraderichten und »Zusammenstellen« (auch »rund reiten« genannt, wegen der Rundung des Spannungsbogens) sind zur Schonung des Pferdes nötig. Für den Reiter haben sie den angenehmen Nebeneffekt, dass das gerade gerichtete und runde Pferd bequemer zu sitzen und leichter zu lenken ist.

Psychologie: Das Pferd verstehen

Wie verhält sich ein Pferd in seiner natürlichen Umgebung, und was bedeutet das für artgerechtes Reiten und sichere Kontrolle des Pferdes?

Das Pferd ist ein Herdentier

Die Herde bietet ihm Sicherheit und soziale Kon-

Das Pferd soll der Ausrichtung und Bewegungsrichtung des Menschen folgen. Links bei der freien Arbeit und rechts am Halfter.

takte. Im Gegenzug muss sich jedes Herdenmitglied den Gesetzen der Herde unterwerfen. Eine Rangordnung, an deren Spitze die Stärksten und Klügsten stehen, sichert das Überleben der schwächeren und jungen Tiere. Die ranghohen Tiere bestimmen, wann und wohin die Herde sich bewegt, wann Flucht angesagt ist und wann gefressen werden darf. Ein ranghohes Tier genießt sowohl den Respekt als auch das Vertrauen der nachrangigen.

Die Regeln in der Herde können Sie als Reiter nutzen, um Ihr Pferd zu erziehen und zu kontrollieren (schon bevor Sie drauf sitzen und auch später beim Reiten). Sie müssen nur dem Pferd klarmachen, dass Sie der Ranghöhere (das »Alphatier«) sind. Dazu müssen Sie das typische Verhalten eines ranghohen Pferdes imitieren. In der Herde gelten gewisse *Ausweich-Regeln*, die Sie sich

zunutze machen können, um eine ranghohe Position aus Sicht Ihres Pferdes zu erreichen. Die drei wichtigsten Regeln sind:

■ *1. Regel: Ranghohe Tiere können jedes rangniedere Tier von seinem Platz vertreiben, auch von Futterplätzen und Wasserstellen. Rangniedere Tiere müssen ausweichen.* Können Sie das Pferd dazu bringen, Ihnen auszuweichen, haben Sie die erste Runde im »Rangordnungsspiel« gewonnen. Können Sie dazu noch die *genaue Richtung* bestimmen, in die das Pferd ausweicht, sowie nur die Vorhand oder nur die Hinterhand des Pferdes einzeln steuern, dann haben Sie Ihr Pferd grundsätzlich unter Kontrolle.

■ *2. Regel: Rangniedere Tiere dürfen ranghohe nicht überholen,* wenn die Herde sich bewegt – damit ist sichergestellt, dass die Richtung von denen bestimmt wird, die die meiste Erfahrung haben. Diese Regel gilt in der Mensch-Pferd-

Beziehung vor allem beim Führen des Pferdes: Es darf nicht an Ihnen vorbeidrängeln.

■ *3. Regel: Ranghohe Pferde können rangnie-dere von hinten treiben und deren Bewegungs-richtung steuern*. Sie können ein Pferd also auch von hinten führen. Bei der Bodenarbeit und an der Longe oder vom Sattel aus, denn mit Ihrer Position im Sattel imitieren Sie die treibende Position des Leithengstes schräg von hinten. Können Sie das Pferd durch Ausweichübungen dirigieren, dann hat es sowohl Respekt vor als auch Vertrauen zu Ihnen, denn Respekt und Vertrauen gehören in der Pferdepsychologie untrennbar zusammen. Dem Ranghöheren ge-bührt Respekt, und im Gegenzug bieten er und die Herde Schutz. Erst, wenn das Pferd dem Menschen Respekt und Vertrauen entgegen-bringt, kann der Mensch es kontrollieren und sich sicher auf seinem Rücken bewegen.

Das Pferd ist ein Fluchttier

Das Pferd ist als friedlicher Pflanzenfresser ein Fluchttier. Fluchtgrund sind normalerweise Raubtiere, deren Annäherung rechtzeitig be-merkt werden muss, will das Pferd ihnen ent-kommen. Aus diesem Grund können die Ohren gedreht werden, um Geräusche aus allen Rich-tungen zu orten, die Augen stehen seitlich am Kopf, sodass das Pferd einen Winkel von fast 360° überblicken kann (nur direkt hinter sich und direkt vor sich sieht es nichts). Fluchtbereitschaft gehört zum Alltag einer Pferdeherde. Und auch das domestizierte Pferd hat den Fluchtreflex nicht verloren. Der Fluchtreflex, der sich unter dem Reiter im Scheuen oder Durchgehen äußert, kann einen noch unsicheren Reiter ganz schön in Schwierigkeiten bringen. Hat der Reiter jedoch das Vertrauen des Pferdes in der Arbeit am Boden (mit dem Ausweichtraining) gewonnen, so lässt

Pferde sind soziale Wesen – auf der Weide und auch, wenn sie sich auf dem Turnier begegnen.

sich das Pferd meist von ihm beruhigen. Spezielle Gewöhnungsprogramme zur Angstbewältigung können das Vertrauen des Pferdes in den Men-schen noch steigern.

Pferde brauchen Bewegung

Als Fluchttier und als wandernder Pflanzen-fresser ist das Pferd von Natur aus dauernd in Bewegung. Besonders junge Pferde entwickeln meist so viel Bewegungsdrang, dass sie auch

Pferde brauchen Bewegung. Für den Reiter ist es »gesünder«, wenn sie sich auf der Weide oder auch beim Spielen, wie hier mit dem Ball, austoben.

spielerisch bockend und Haken schlagend durch die Landschaft galoppieren. Das ist sowohl Training für den Ernstfall als auch ein Ausdruck der Lebensfreude und Gesundheit. Damit sind wir bei einer Besonderheit der Art Pferd, dem Spiel – einem Verhalten, das nicht direkt der Nahrungsbeschaffung, der Sicherheit oder der Arterhaltung dient, also grundsätzlich zweckfrei ist. Das Pferd ist also ein Bewegungstier mit ausgeprägtem Spieltrieb. Für die Haltung des Pferdes ergibt sich daraus die Forderung nach luftigen Ställen, Gesellschaft mit Artgenossen und freiem Auslauf oder Weidegang, zumindest stundenweise. Mit einer solchen artgerechten Haltung vermeiden Sie Verhaltensstörungen und »explosive« Reaktionen des Pferdes unter dem Reiter aufgrund aufgestauter Bewegungsenergie: Lassen Sie das Pferd sich ohne Sie austoben – das gestaltet das Reiten deutlich entspannter und angstfreier. Ein artgerecht gehaltenes Pferd bewegt sich ausreichend, und Sie müssen es nicht unbedingt jeden Tag reiten, einen »Boxenhäftling« jedoch schon.

Schnelle Reaktionen und antrainierte Reflexe

Die besondere Beweglichkeit des Pferdes bedingt eine schnelle Reaktion und rasche Auffassungsgabe. Es ist von Natur aus neugierig und wird, wenn man ihm nur genug Zeit gibt, auch Angst einflößende Dinge erkunden. Neugier und Lernbereitschaft machen das Pferd zu einem idealen Partner in der Zusammenarbeit mit dem Menschen. Ohne diese Eigenschaften wäre eine Ausbildung des Pferdes zum »Sportpartner« nicht möglich.

Schnelle Beweglichkeit führt jedoch auch zu schnellen Reflexen des Pferdes. Und diese bringen so manchen Reiter in Schwierigkeiten, wenn das Pferd einen erschreckten Satz macht oder auskeilt. Reflexe sind normalerweise Instinkt gesteuerte, natürliche Reaktionen des Pferdes. Sie können dem Pferd jedoch auch antrainiert werden. Jede komplexere »Hilfe«, die dem Pferd unter dem Reiter beigebracht wurde, ist in gewissem Sinn ein antrainierter Reflex, vor allem, wenn sie im Zuge der Ausbildung hinsichtlich Dauer und Intensität zu einem »Kürzel« minimiert wird (der so genannten Feinabstimmung oder auch Minimierung der Hilfen).

Pferde sind neugierige Individualisten

Eine weitere Besonderheit der Art Pferd ist die starke Ausprägung von Individualität innerhalb der art- und rassetypischen Merkmale. Pferde unterschiedlichen Typs reagieren unterschiedlich stark auf Reize und lernen unterschiedlich schnell. Pferde bilden Gewohnheiten und Eigenheiten aus, entwickeln Vorlieben, Freundschaften und Abneigungen – die sowohl andere Pferde als auch Menschen betreffen. Daraus ergibt sich auch die Notwendigkeit, dass sich Pferd und

Das kann schon mal passieren ... Machen Sie kein großes Thema draus, setzen Sie sich zurecht und reiten weiter.

Reiter sympathisch sein sollten. Passen Pferd und Reiter nicht zueinander, machen sie sich gegenseitig das Leben und das Lernen schwer.

Angst vor der Einschränkung ihrer Bewegungsfreiheit

Pferde beanspruchen keine Territorien wie z.B. ein Wolfsrudel. Dafür ist ihr Bedürfnis nach Ungebundenheit extrem stark. Fluchtinstinkt, Bewegungsdrang, Individualität und Neugier sind sicher in starkem Maße für diesen Unabhängigkeitstrieb verantwortlich. Auf eine Einschränkung ihrer Bewegungsfreiheit durch Anbinden, Einsperren oder Fesseln reagieren – unausgebildete – Pferde oft mit extremer Angst. Auch hier greifen in einer Art Sicherheits- und Abstumpfungstraining die Ausbildungsmethoden zu Vertrauensaufbau und Angstbewältigung an.

Erste praktische Übungen

Haben Sie noch etwas Geduld, wir kommen bald zum eigentlichen Reiten. Mit einigen Vorübungen am Boden können Sie sich jedoch schon einmal mit den Reaktionsmustern des Pferdes vertraut machen, ohne dabei Ihr eigenes Gleichgewicht zu verlieren. Sie können testen, wie weit Sie in der Lage sind, ein Pferd zu beeinflussen und zu kontrollieren. Glauben Sie mir, das ist auch am Boden nicht so einfach, wie es scheint. Selbst das simple Führen des Pferdes erfordert einiges an Wissen, wenn Ihnen das Pferd dabei nicht auf die Füße treten soll.

Bodenarbeit: Testen Sie Ihre Körpersprache

Aus den Ausweichregeln der Herdengesetze ergeben sich bestimmte Verhaltensregeln, die das Pferd Ihnen als Ranghöherem gegenüber einzuhalten hat.

- 1. Es darf beim Führen nicht an Ihnen vorbeidrängeln.
- 2. Es darf Sie nicht anrempeln oder Ihnen auf den Fuß treten.
- 3. Es muss Ihnen ausweichen (auch in eine bestimmte Richtung, die Sie vorgeben).

Sie brauchen die volle Aufmerksamkeit Ihres Pferdes, wenn Sie mit ihm arbeiten wollen.

Verschwinde! Hier soll die Hinterhand zur Seite weichen. Das Pferd achtet darauf, was sonst noch kommen könnte.

Aus diesen drei Grundsatzforderungen ergeben sich einige Übungen, die Sie auch als Anfänger am Boden mit dem Pferd durchführen können, um die Reaktionen des Pferdes auf Ihre eigenen körpersprachlichen Signale zu testen. Diese »Hilfen am Boden« sind ein Vorgeschmack auf die Hilfen, die Sie später auf dem Pferderücken erlernen. Nur haben Sie dabei noch keine Balanceprobleme und können sich auf festem Boden bewegen. Sie können ausprobieren, wie das Pferd reagiert und ob Ihre Signale stimmen. Das Pferd ist bei diesen Übungen nur mit einem Halfter plus langem Strick ausgestattet.

Haltung bewahren

Achten Sie bei Ihren Signalen am Boden auf eine straffe, aufrechte Haltung und auf Ziel gerichtete, deutliche Bewegungen (das gilt später auch fürs Reiten). Verwenden Sie eine Gerte oder ein Seilende, das Sie wie einen Propeller kreisen lassen, um Ihren Bewegungen mehr Nachdruck zu verleihen. Sie können mit der Gerte dem Pferd vor der Nase herumwedeln oder die Gerte auch quer mit leicht nach vorn ausgestreckten Armen halten.

»Zielen« Sie mit Ihren Fußspitzen auf den Körperteil des Pferdes, der Ihnen ausweichen soll. Lassen Sie Kopf und Schultern nicht hängen und schauen Sie dorthin, wohin Ihre Füße zeigen. Bewegen Sie sich nicht zögernd, sondern entschlossen und energisch. Andernfalls betrachtet das Pferd Ihre Bewegung als »freundliche Annäherung« und nicht als ernst gemeintes Signal, »möglichst plötzlich zu verschwinden«, weil es sonst nämlich Ärger gibt.

oben: Richtig führen: Das Pferd achtet auf die Bewegungsrichtung des Menschen und weicht mit der Vorhand nach rechts aus.

rechts: Wenn sich das Führen so gestaltet, ist im Verhältnis Mensch-Pferd etwas grundsätzlich nicht in Ordnung. Das Pferd hat keinen Respekt und erkennt den Menschen nicht als »weisungsbefugt« an.

Volle Aufmerksamkeit sichern

Das Pferd soll Sie bei den Übungen am Boden immer anschauen. Tut es das nicht und interessiert sich mehr für die Umgebung als für Sie, haben Sie keine Chance auf eine Reaktion. Das gilt im Übrigen auch später, wenn Sie auf dem Pferd sitzen: das Pferd muss Sie als Reiter »ernst genug nehmen«, um Ihnen seine Aufmerksamkeit zu widmen. Andernfalls wird es Ihre Signale ignorieren.

Um das Pferd auf Ihre Signale aufmerksam zu machen, arbeiten Sie mit Störaktionen. Rucken Sie so lange am Halfter, bis das Pferd sich bequemt, Sie anzuschauen. Da kann es ruhig ein-mal härter zur Sache gehen, denn mit dem Halfter können Sie dem Pferd nicht wehtun. Sie können es nur »nerven«.

Die Grundübungen

Führen

Achten Sie darauf, dass das Pferd nicht an Ihnen vorbeidrängelt und Sie mitzieht. Arbeiten Sie mit diversen Störaktionen, um das Pferd hinter Ihnen (mit der Nase in Ihrer Schulterhöhe) zu halten. Rucken Sie am Halfter, benutzen Sie Ihren Ellbogen oder die Gerte, um das Pferd damit vor die Brust zu knuffen oder ihm einen Klaps zu versetzen. Wedeln Sie dem Pferd mit der Gerte oder dem »Seilpropeller« vor der Nase herum. (Passen Sie mit Gertenberührungen bei Kopf und Genick des Pferdes auf, dass nichts »ins Auge geht«.)

Das Pferd soll stehen bleiben, wenn Sie stehen bleiben, antreten, wenn Sie loslaufen, und später auch rückwärts ausweichen, wenn Sie rückwärts gehen. Mit jeweils zusätzlich gegebenen verbalen Hilfen können Sie das Pferd vorwarnen.

Keine Rempeleien: Können Sie das Pferd »anständig« führen, wird es Sie normalerweise auch nicht anrempeln oder Ihnen auf den Fuß treten. Tut es das doch, dann machen Sie ihm »mit Zähnen und Klauen« klar, dass das ein grober Verstoß gegen Ihre Autorität war.

Gerichtetes Ausweichen

Sind die ersten beiden Punkte geklärt, dann können Sie mit Ausweichübungen beginnen.

Fangen Sie damit an, das freie Pferd einfach nur von seinem Platz zu vertreiben. Achten Sie dabei darauf, nicht zu dicht an das Pferd heranzukommen, damit es Sie nicht mit einem möglichen ungnädigen Huftritt erwischt. Nehmen Sie bei Bedarf eine längere Peitsche und machen Sie das Pferd schon von weitem auf sich und Ihre Absichten aufmerksam. Bei dieser ersten Übung geht es nur um die Demonstration Ihrer ranghohen Position. In welche Richtung das Pferd »verschwindet« ist unwichtig. Hauptsache, es weicht Ihnen aus. An diese Grundübung schließen sich die zielgerichteten Ausweichübungen an:

Das Pferd soll

a) nur mit der Hinterhand ausweichen,
b) nur mit der Vorhand ausweichen,
c) mit Vorhand und Hinterhand ausweichen
d) oder rückwärts ausweichen.

Üben Sie a bis c immer auf beiden Seiten. Sie bekommen damit schon ein Gefühl dafür, auf welcher Seite das Pferd steifer ist, und auch, auf welcher Seite Sie selbst Ihren eigenen Körper schlechter einsetzen. Machen Sie diese ersten Übungen auf jeden Fall unter Anleitung.

a) Stellen Sie sich schräg vor die Schulter des Pferdes mit Blickrichtung auf das Ihnen zugewandte Hinterbein. Gehen Sie schnell auf dieses Hinterbein zu und schwingen dabei Gerte oder Seilende. Das Pferd soll mit der Hinterhand seitlich ausweichen; die Vorhand soll auf der Stelle mitdrehen, denn das Pferd soll seine Aufmerksamkeit bei Ihnen lassen, Sie also weiterhin anschauen. Das Pferd führt prinzipiell eine Vorhandwendung aus.

b) Wollen Sie das Pferd dazu bringen, mit der Vorhand auszuweichen (eine Hinterhandwendung auszuführen), stellen Sie sich in etwa 1,5 Meter Abstand schräg hinter seine Schulter und gehen dann auf das Ihnen zugewandte Vorderbein zu, wieder unterstützt durch Seilende oder Gerte. Diese Übung ist sehr viel schwerer als die erste, denn Sie müssen erstens sehr genau Ihre relative Position zum Pferd einhalten und zweitens unter Umständen schnell laufen, um der sich seitwärts im Kreis um die Hinterhand bewegenden Vorhand zu folgen.

c) Eine Seitwärtsbewegung mit Vor- und Hinterhand des Pferdes initiieren Sie, indem Sie eine Position zwischen Schulter und Hinterhand des Pferdes einnehmen. Je nachdem, ob Sie weiter vorn oder weiter hinten stehen, weicht eher die Vorhand oder eher die Hinterhand des Pferdes aus. Von der reinen Seitwärtsbewegung bis zum Schenkelweichen oder Schulterherein sind dabei alle Varianten möglich.

d) Wenn das Pferd Ihnen rückwärts ausweichen soll, gehen Sie aus etwa 2 Meter Entfernung

oben: Galopparbeit am kurzen Seil.
unten: Die Ohrenstellung verrät es: Das Pferd achtet
aufmerksam auf die Signale des Menschen und bleibt
auch an der Longe unter Kontrolle.

gerade auf seinen Kopf zu. Halten Sie die Gerte quer, wie eine Barriere, vor sich oder wedeln Sie damit vor seiner Nase herum. Es sollte sich in gerader Linie nach hinten von Ihnen wegbewegen. Achten Sie darauf, Ihre Schultern nicht aus Ihrer beabsichtigten Bewegungsrichtung zu verdrehen. Ein sensibel und gut reagierendes Pferd

wird sonst auf jeden Fall schief rückwärts gehen, weil es sich in seiner Längsachse quer zu Ihrer Schulterlinie einrichten wird.

Alle vier Lektionen können Sie mit gutmütigen Pferden auch in einer Variante üben, bei der Sie näher am Pferd arbeiten. Pieken Sie das Pferd mit zwei oder drei Fingern einer Hand oder dem Knauf der Gerte in die Seite oder in die Brust, um eine Ausweichreaktion zu bekommen.

Die Orientierung im Raum

Könner arbeiten jedoch auf Abstand und lassen sich nicht vom Pferd »bedrängen« bzw. von ihrem Vorhaben abbringen. In diesem Zusammenhang will ich schon hier kurz eine Fähigkeit des Menschen ansprechen, die bei jeder Arbeit mit Pferden eine wichtige Rolle spielt: *die Orientierung im Raum*. Sowohl bei der Bodenarbeit als auch beim Reiten müssen Sie immer genau wissen, wo Sie sich befinden und wo Sie hinwollen. Das geht so weit, dass Sie sich im weit fortgeschrittenen Stadium des Reitens und auch der Bodenarbeit nur noch bildhaft vorstellen müssen, wo Sie sich mit dem Pferd hinbewegen wollen und wie sich das Pferd dabei bewegen soll – und es geschieht in der vorgestellten Form.

Koordinationsübungen

Koordinationsübungen am Boden in verschiedenen Rückwärts-vorwärts-seitwärts-Kombinationen können sich anschließen und dienen der Feinsteuerung sowie dem vermehrten Vertrauensaufbau zwischen Reiter und Pferd. Für die »Grundschule der Pferdesteuerung am Boden« reichen jedoch die einfachen Ausweichübungen, die Ihnen das Gefühl geben, »Herr der Lage« zu sein und Ihr Pferd grundsätzlich kontrollieren zu können.

Bodenarbeit für Fortgeschrittene: Richtungswechsel im Galopp.

Arbeit im Roundpen

Haben Sie einen hoch geschlossenen Longier-zirkel oder »Roundpen« zur Verfügung, dann können Sie auch am frei laufenden Pferd Ihre »Kontrollmechanismen« ausprobieren. Stoppen oder verlangsamen Sie das Pferd, indem Sie ihm in den Weg treten oder die Gerte in den Weg hal-ten. Beschleunigen Sie es, indem Sie schräg hin-ter seiner Hinterhand mit Peitsche oder Seilende treiben.

Ideal ist es, wenn Sie mit einem sensibel reagie-renden Pferd üben können, denn dann ist ganz klar: Wenn Sie die richtigen Signale geben, rea-giert das Pferd auch richtig. Sie können damit die Deutlichkeit Ihre Körpersprache, Ihre eigene Wirkung auf das Pferd, überprüfen.

Präzises Beobachten und Einschätzen der Gegebenheiten

Über die Bodenarbeit sowie das präzise Beob-achten verschiedener Reiter-Pferd-Paare können Sie auch Ihr Auge schulen und lernen, harmoni-sche, losgelassene Bewegungen von gespannten und blockierten zu unterscheiden. Besonders der »ungebrochene Spannungsbogen« des Pferdes und der losgelassene, »stille« Sitz des Reiters (siehe Seite 46 ff) geben Ihnen Auskunft über die Bewegungsqualität eines Reiter-Pferd-Paares.

Überall dort, wo Brüche im Spannungsbogen des Pferdes auftreten, ist etwas faul. Ein hochgerisse-ner Kopf und Hals des Pferdes spannen den Bogen in die falsche Richtung – das Pferd drückt den Rücken nach unten weg, statt ihn nach oben

Energie verstärken, um das Pferd in eine bessere Haltung zu bringen: Das funktioniert ohne Zwangsmittel, wie Hilfszügel, nur mit präziser Körpersprache des Menschen.

zu wölben. Eine »Stirnlinie« des Pferdes stark hinter der Senkrechten (ein falscher Knick in der Halswirbelsäule) unterbricht den Bogen vor seinem Ende am Genick des Pferdes. Eine nachschleppende Hinterhand unterbricht die Spannung im Bereich der Lendenwirbel und lässt den Rücken des Pferdes nach unten durchfallen. Das Erzwingen des richtigen Spannungsbogens durch verschiedene Hilfszügel führt nicht zum Erfolg. Je nach Ausbildungsstand des Pferdes ist der Spannungsbogen flacher (beim jungen Pferd) oder stärker gewölbt (beim versammelten Pferd). Wenn ein Reiter ein Pferd »nicht sitzen kann«, so ist normalerweise nicht der zu große Schwung oder ein von Natur aus »harter Trab« des Pferdes schuld, sondern dessen verspannter Rücken. Oder auch ein steifer, im Beckenbereich unbeweglicher Reiter.

Ein Kriterium für gutes Reiten ist immer der Takt. Schritt im deutlichen Viertakt, Trab mit diagonaler Fußfolge im regelmäßigen Zweitakt und klarer Dreitakt im Galopp sind Gradmesser für eine pferdegerechte Ausbildung. Das gut gerittene Pferd muss im Endeffekt »schöner« aussehen und sich harmonischer bewegen als das ungerittene – dann stimmt die Ausbildung.

Ein weiteres Kriterium ist das Rückwärtsrichten. Gelingt ein Rückwärtsrichten mit minimalen Signalen, mit freier lockerer Vorhand und untergesetzter Hinterhand (mit intaktem Spannungsbogen des Pferdes), dann ist das ein Zeichen für Gehorsam und richtige Ausbildung.

Nachdem nun die wichtigsten Vorüberlegungen angestellt und die Vorbereitungen getroffen sind, geht es endlich aufs Pferd.

4 Auf dem Pferd

Ein geschlossenes System in Bewegung

4. Auf dem Pferd

Ein geschlossenes System in Bewegung

Wichtig für das Verständnis des Reitens ist, *dass der Reiter sich selbst und das Pferd als geschlossenes System in Bewegung begreift*. Jede Handlung sowohl des Reiters als auch des Pferdes hat Auswirkungen auf das gesamte System. Jede unnötige Spannung im Körper des Reiters, jedes Feststellen des Kreuzes, jede Parade, die zu lange dauert, ruft beim Pferd Widerstand oder Verspannungen hervor. Jede Bewegung des Pferdes muss vom Reiter mit dem beweglichen Becken (der Mittelpositur) aufgenommen, »durchgelassen« oder kontrolliert werden.

1 + 1 = 1 · Das gemeinsame Gleichgewicht von Reiter und Pferd

Die Bedeutung des Gleichgewichts beim Reiten ist immens. Erstens muss sich das Pferd mit dem zusätzlichen Gewicht des Reiters neu ausbalancieren. Zweitens muss der Reiter sein Gleichgewicht auf einem sich rhythmisch bewegenden »Untergrund« finden, und zwar immer wieder, für jede Übung und jede Gangart neu, angepasst an besondere Erfordernisse, wie z.B. Wendungen, Sprünge oder Seitengänge. Wie beim Tanzen müssen zwei Partner ein gemeinsames Gleichgewicht finden, welches ständig neu austariert werden muss. Zu allem Überfluss ist auch noch normalerweise der (erfahrene) Reiter für das Gleichgewicht von beiden verantwortlich. Das erfordert Übung, Gefühl und Reaktionsschnelligkeit. Dass ein unausbalanciertes, junges Pferd kein geeignetes Lehrpferd für einen unausbalancierten Anfänger ist, sollte sich deswegen von

selbst erklären, denn beide bringen sich buchstäblich gegenseitig aus der Balance.

Der Anfänger braucht also ein »stabiles« Pferd mit einigen Jahren »Erfahrung als Reitpferd«, welches sich nicht so schnell aus dem Gleichgewicht bringen lässt.

Als unerfahrener Reiter müssen Sie zuerst lernen, Ihr eigenes Gleichgewicht den Bewegungen des Pferdes anzupassen. Sie müssen ein »stabiles« Gleichgewicht im Sitz erreichen, ohne sich mit Händen oder Knien festzuhalten. Im Zuge der weiteren Ausbildung lernen Sie dann, wie Sie den Gleichgewichtssitz bewusst verändern, um damit das Gleichgewicht des Pferdes zu beeinflussen. Sie lernen zuerst die »Gewichtshilfen« durch Veränderung der Stellung von Gesäßknochen und Becken. Jede Hilfengebung basiert im Grundsatz auf einer Veränderung der Beckenstellung des Reiters mit der in erster Linie der Pferderücken beeinflusst wird.

Hilfen mit Zügeln und Schenkeln sind immer zweitrangig, auch wenn das oft in der Praxis nicht so aussieht. Später kommen Hilfenkombinationen dazu, die eine Feinabstimmung des Reiter-Pferd-Paares ermöglichen – zur besseren Gymnastizierung des Pferdes und für ein bequemeres, Kraft sparendes Reiten.

Die einfache Gleichgewichtstheorie

1. Das Pferd ist bestrebt, seinen Schwerpunkt unter den des Reiters zu bringen, um selbst mit dem zusätzlichen Gewicht des Reiters das Gleichgewicht nicht zu verlieren.
2. Der Reiter kann durch gezielte Veränderungen seiner Sitzposition und seiner Beckenausrichtung das Pferd beschleunigen, verlangsamen

Ein Kriterium für anatomisch richtiges Reiten ist der so genannte »Spannungsbogen« des Pferdes; nicht zu verwechseln mit falscher »Verspannung« durch Einspannen zwischen starrem Zügel und ständigem Treiben. Ein korrekter Spannungsbogen bedeutet nichts anderes als Selbsthaltung mit dem Genick des Pferdes als höchstem Punkt und Nase vor der Senkrechten. Wie hier zu sehen ist, darf der Zügel dabei durchaus lose sein. Und der Reiter darf und soll still sitzen und bei gehaltener Körperspannung »nichts tun«.

und seitlich dirigieren. Prinzipiell bringt er das Pferd mit diesen Veränderungen aus dem Gleichgewicht und überlässt es dem Pferd, sich wieder neu unter ihm auszubalancieren.

»Gezielte Veränderung« impliziert, dass der Reiter seine neutrale Grundposition mit beidseitig gleich starker Belastung der nach unten gerichteten Gesäßknochen im Sattel kennt: die Position, die es dem Pferd ermöglicht, seinen Rücken frei zu bewegen und den Reiter dabei mitzubewegen und die dem Pferd sagt: »unverändert weitermachen mit dem, was Du gerade

tust«. Zudem muss er genau wissen, was er tun muss, um die gewünschte Veränderung in der Pferdebewegung zu erreichen. Tatsache ist leider, dass die wenigsten Reiter – auch Fortgeschrittene – wirklich wissen, was sie tun und wie ihr Handeln oder ihr Sitz auf das Pferd wirken.

Hilfengebung aus dem neutralen Gleichgewichtssitz

Nimmt der Reiter den Oberkörper aus der Hüfte leicht vor die senkrechte Normalposition, so verlagert er damit seinen Schwerpunkt nach vorn;

das Pferd folgt durch Verlagerung des eigenen Schwerpunktes nach vorn – d.h., es tritt an oder beschleunigt.

Macht der Reiter sich im Sattel »schwer« und kippt seinen Beckenkamm leicht nach hinten (wie das richtig geht, folgt ab Seite 82 – Paraden), so folgt das Pferd erneut, indem es mit den Hinterbeinen mehr Last aufnimmt und langsamer wird. Oder es hält sogar an, wenn Sie abrupt das Becken kippen und damit die Rückenbewegung des Pferdes »blockieren«. Wichtig ist, dass das Pferd dabei vorn hoch kommt (in der Schulter frei wird) und nicht die Vorderbeine in den Boden rammt. Um das zu gewährleisten, dürfen Sie nicht am Zügel rückwärts ziehen. Überhaupt ist der Zügel nicht das Ausschlag gebende Instrument, um ein Pferd anzuhalten, wie ich später noch ausführen werde. Das ausgebildete Pferd können Sie schließlich von hinten nach vorne »zusammenschieben«, indem Sie die Hinterbeine nach vorn treiben, kurzfristig seine Rückenbewegung hemmen und am Zügel *kurz* die Bewegung nach vorn begrenzen. Das Ganze heißt dann »Parade«. Damit stellen Sie das Pferd zusammen oder versammeln es (im fortgeschrittenen Stadium), wenn Sie alles richtig machen. Es gibt jedoch viele Möglichkeiten, Fehler in dieser Prozedur zu machen. Dazu später auch mehr.

Einseitiges Vorschieben der Gesäßknochen zum Abwenden

Schieben Sie Ihre innere Seite bei geradem Oberkörper nach vorn und drehen den Kopf in Bewegungsrichtung, so folgt das unverdorbene Pferd durch Abwenden in diese Richtung. Sie dürfen dabei Ihren Oberkörper nicht verdrehen (was geschieht, wenn man z.B. an einem Zügel nach hinten zieht) oder »abknicken« (z.B. das berüchtigte »In-der-Hüfte-Einknicken« oder den Kopf

Zum richtigen Abwenden reicht es, wenn Sie den Kopf drehen und den inneren Gesäßknochen vorschieben. Sie dürfen dabei die innere Hand nicht nach hinten ziehen. Das Bild zeigt eine Kurzkehrtwendung um die Hinterhand nach rechts.

seitlich schief legen), weil sonst Ihr Gewicht auf die entgegengesetzte Seite des Pferdes kommt. Stellen Sie sich immer vor, dass alle Seiten Ihres Oberkörpers gleich lang sind: rechts und links, vorne und hinten. Dazu im nächsten Abschnitt zur neutralen Sitzposition mehr.

Bei fein auf die Hilfen eingestellten Pferden reichen Kopfdrehung und Blickrichtung des Reiters in Richtung der Wendung, um dem Pferd »Abwenden« zu signalisieren. Deutlicher ist jedoch immer ein Vorschieben der inneren Hüfte und des inneren Gesäßknochens. Wichtig zum Abwenden ist zudem immer die Orientierung im Raum: Der Reiter muss eine klare Idee, ein Vorstellungsbild, von der gemeinsamen Bewegung haben – dann folgt das Pferd seinen Gedanken, weil diese sich in der Veränderung der Körperspannung mitteilen.

Die neutrale Sitzposition in der Bewegung – der Wahrnehmungssitz mit beweglichem Becken und nach unten zeigenden Gesäßknochen

Die richtige neutrale Sitzposition in jeder Gangart muss Ihre Gesäßknochen senkrecht nach unten zeigen lassen; auf beiden Seiten sollten Sie gleich viel Gewicht auf ihnen spüren. Auch Schulter, Hüfte und Absatz bilden eine senkrechte Linie.

Zeigen Ihre Gesäßknochen ständig nach vorne, so sind Sie im Bauch zusammengefallen und sitzen mit Rundrücken im Stuhlsitz. (Das kurzfristige gezielte Kippen des Beckenkamms nach hinten, sodass die Gesäßknochen nach vorn zeigen, wird allerdings für die Paraden gebraucht; es hemmt kurzfristig die Bewegung.)

Zeigen die Gesäßknochen ständig nach hinten, so sitzen Sie im Hohlkreuz und stellen Ihr Becken in der nach vorne gekippten Stellung fest.

Beide Fehlhaltungen lassen (in der Vorwärtsbewegung des Pferdes) keine gezielten Hilfen über den Sitz zu, weil sie das Becken blockieren. Mit dem blockierten Becken kann der Reiter erstens die Bewegungen des Pferderückens nicht aufnehmen und behindert zweitens den Energiefluss von hinten nach vorne. Er blockiert Bewegung, statt sie durchzulassen – und das Pferd wird nicht mehr freiwillig vorwärts gehen.

Das Becken des Reiters ist die zentrale »Schaltstelle«, an der alle Bewegungen von Pferd und Reiter zusammenlaufen und aufgefangen werden. Betrachten Sie das Becken als eine Art »Bewegungsumwandler«, welches den unabhängigen, »stillen« Sitz des Reiters auf dem sich bewegenden Pferderücken erst möglich macht.

Vermeiden Sie starke »Auslenkungen« mit dem Oberkörper – auf jeden Fall ein starkes seitliches Herüberlehnen oder ein Zurückwerfen des Oberkörpers hinter die senkrechte Normalposition und vor allem ein ständiges Schiefsitzen. All dies führt dazu, dass sich Ihr Pferd gegen Ihre Kontrollversuche wehrt, aus dem Gleichgewicht gerät und schließlich eine Stütze für sein verlorenes Gleichgewicht in Ihrer Hand sucht – indem es sich tonnenschwer auf den Zügel legt.

Richtig sitzen im stabilen Gleichgewicht – Körperspannung und losgelassene Gelenke

Sie sitzen im Gleichgewicht, wenn Sie in allen Gangarten möglichst »still« sitzen. Still bedeutet im Wesentlichen: Ihr Operkörper bleibt in der Senkrechten, Ihre Hände bleiben auf einer Höhe über dem Widerrist des Pferdes stehen und Ihre Unterschenkel liegen ruhig am Pferd. Um das zu erreichen, müssen drei Hauptforderungen erfüllt sein:

■ 1. Alle Gelenke und »Schaltstellen« im Reiterkörper sind losgelassen und können deswegen die Rückenbewegung des Pferdes abfedern. Das gilt insbesondere für das Becken.

■ 2. Die Muskulatur des Reiters im Oberkörper und Oberschenkel muss stabilisierend wirken. Das tut sie, wenn sie isometrisch gespannt wird. Die richtige isometrische Grundspannung (= Körperspannung) in der Bewegung muss gewährleisten, dass die Gesäßknochen senkrecht nach unten zeigen.

■ 3. Arme, Hände und Unterschenkel des Reiters müssen gezielt für die Hilfengebung eingesetzt werden. Sie dürfen weder ein »schlackerndes« oder wackelndes Eigenleben führen noch festklemmen.

Bitte nicht stören!

Richtig sitzen bedeutet vor allem zweckmäßig und effektiv sitzen – gemeint ist eine Sitzposition, aus der heraus Sie Ihr Pferd in seinen Bewegungen (insbesondere im Rücken) möglichst wenig stören und selbst am beweglichsten agieren können, um dem Pferd kurze Signale über Gewichtsverlagerung, Zügel und Schenkel zu geben.

Je nach Schwung des Pferdes kann die nötige isometrische Grundspannung im Oberkörper und den Oberschenkeln sehr unterschiedlich sein. Wichtig ist jedoch, immer Arme, Hände und Unterschenkel möglichst spannungsfrei und in den Gelenken federnd zu halten, um »handlungsfähig« zu bleiben. Zügel- und Schenkelhilfen müssen immer möglichst kurz sein. Zu lange andauernder oder zu fester Druck mit dem Schenkel (Zudrücken) oder Rückwärtsziehen am Zügel bringen den Reiter aus dem Gleichgewichtssitz, weil durch beides sein Becken blockiert wird. In der Folge kommt immer auch das Pferd aus dem

Richtig sitzen bedeutet

■ **Stabil mit isometrischer Körperspannung im Gleichgewicht zu sitzen und das Pferd nicht in seiner Bewegung zu stören.**

■ **Alle Gelenke im Reiterkörper, insbesondere das Becken, frei beweglich zu halten.**

■ **Nicht zu arbeiten, sondern das Pferd in Ruhe seine Arbeit tun zu lassen, ohne es dabei zu behindern.**

■ **Das Pferd nicht mit unnötigen Signalen (Hilfen) zu überschütten.**

■ **Immer genau zu wissen, was der eigene Körper tut.**

■ **Arme, Hände und Unterschenkel nur für gezielte Signale zu benutzen und ansonsten still zu sitzen.**

Gleichgewicht, sucht z.B. eine Stütze im Zügel, rennt davon oder geht nicht mehr vorwärts.

Bitte nicht arbeiten!

Und noch etwas ganz Wichtiges, was leider immer wieder falsch vermittelt wird:
Das Pferd soll arbeiten, nicht der Reiter. Der Reiter muss dem Pferd nur seine Arbeit erleichtern. Das Pferd sollte im »Normalbetrieb« von allein vorwärts gehen. Das tut es, wenn der Reiter im stabilen Gleichgewicht mit der richtigen Körperspannung sitzt und es nicht in seinen Bewegungen stört. Und wenn er es nicht ständig

*Das Pferd darf keine Stütze im Zügel finden. Mit ein-
händiger Zügelführung kann man das überprüfen.
Der Reiter bleibt immer mittig und gerade im Sattel.*

*Im »Normalbetrieb« muss das Pferd von allein laufen
und sich selbst tragen; einwirken soll der Reiter nur,
wenn er eine Veränderung des Status quo will.*

mit Signalen »belästigt«, um es überhaupt am
Laufen zu halten. Das heißt: Ein ständiges, »me-
chanisches« Treiben (insbesondere ein festes
»Zudrücken«) mit dem Schenkel bei jedem Tritt
ist zu vermeiden. Sie können das Pferd auch nicht
mit dem Sitz »anschieben«. Beides hemmt die
Bewegung des Pferdes eher, als dass es treibend
wirkt, weil es das Becken des Reiters und damit
den Pferderücken blockiert. Ein kurzes Heranfallen-Lassen des Schenkels an den Pferdekörper
oder ein Klaps mit der Gerte und ein gutes
Vorwärts-Bild im Kopf des Reiters sind wirksame-
re Methoden des Treibens.

Der Reiter kann immer nur ein Signal (= Hilfe)
geben und es dann dem Pferd überlassen, darauf
zu reagieren. Er muss sich jedoch überlegen, wie
er einer Hilfe Nachdruck verleiht, wenn das Pferd
doch einmal beschließt, sie zu ignorieren (das

sind jedoch Dinge, die erst für den »fortgeschrittenen Anfänger« relevant sind).

Schon aufgrund der Kräfte- und Größenverhält-
nisse zwischen Mensch und Pferd ist es illuso-
risch, zu denken, man könne ein Pferd mit
Krafteinsatz dazu bringen, etwas zu tun. Pferde
sind grundsätzlich kooperativ und befolgen
unsere Hilfen, wenn wir ihnen die Arbeit mit dem
Menschen angenehm machen und unsere
Signale logisch und deutlich geben (was natürlich erst möglich ist, wenn der Reiter unabhängig
sitzen kann).

Je mehr Sie »arbeiten« müssen, bevor Sie überhaupt etwas vom Pferd wollen, umso weniger
Kraft und Energie haben Sie nachher übrig, wenn
Sie wirklich eine Veränderung des Status quo
wollen, z.B. das Tempo verstärken oder eine Parade geben.

Viele Schulpferde sind natürlich durch den ständigen Umgang mit Anfängern, die weder ihren Sitz noch ihre Gliedmaßen unter Kontrolle haben, abgestumpft, und gehen nicht mehr unbedingt auf leichte Signale vorwärts. Das ist leider die Realität in den meisten Reitschulen. Behalten Sie aber trotzdem im Hinterkopf, dass das nicht richtig ist.

Teufelskreis durchbrechen

Eins der größten Probleme beim Reiten-Lernen: Der Reiter kann erst losgelassen sitzen, wenn das Pferd den Rücken loslässt und mit korrekter Haltung geht. Diese korrekte Haltung kann er jedoch ohne etwas Übung noch nicht beim Pferd erzeugen; das Pferd lässt ihn aus diesem Grund im Allgemeinen schlecht sitzen. Und deswegen wird er das Pferd immer weiter in seiner Bewegung stören – ein Teufelskreis, der in immer verspannteren Bewegungen von Reiter und Pferd endet.

Das ist der Grund, warum Anfänger (und auch fortgeschrittene Reiter zur Sitzkorrektur) an die Longe gehören. Dort können sie sich voll auf ihren Sitz konzentrieren, ohne sich ums »Lenken« zu kümmern.

Keine Unterschiede in den Reitweisen

Es gibt keine Unterschiede in den verschiedenen Reitweisen hinsichtlich der effektivsten Sitzposition. Es ist immer die, bei der alle Teile des Reiterkörpers senkrecht übereinander ausgerichtet sind, sodass das Becken frei beweglich ist, die Gelenke des Reiters federn können und die

Position von Armen und Beinen in jede mögliche Richtung schnell variiert werden kann. Je nach Körperbau des Reiters und auch des Pferdes sind jedoch geringfügige Modifikationen möglich oder nötig. Auch verschiedene Sättel setzen den Reiter in eine bestimmte Position, die dem Einsatz des Pferdes z.B. im Spring-, Dressur- oder Westernsport entspricht.

Der Energiekreis und die Verantwortlichkeiten von Reiter und Pferd

Insgesamt bilden Reiter und Pferd einen geschlossenen *Energiekreis in Bewegung* (siehe Grafik S. 43), in dem jede Veränderung an beliebiger Stelle von Pferd oder Reiter auf das gesamte System wirkt.

Prinzipiell ist das Pferd dabei für die Vorwärtsbewegung und die Energiebereitstellung zuständig. Es muss über den »Motor« Hinterhand die gesamte Bewegungsenergie für Reiter und Pferd erzeugen.

Der Reiter ist für Balance, Konzeption, Lenkung und Orientierung im Raum verantwortlich. Er lässt sich vom Pferd bewegen und darf nicht umgekehrt versuchen, das Pferd zu bewegen, z.B. mit dem Sitz anzuschieben. Er ist nur »Impuls- und Richtungsgeber«. Er sorgt dafür, dass er selbst und das Pferd nicht aus der Balance kommen; er muss Übungen und Lektionen so staffeln, dass sie beide diese auch bewältigen können. Zudem ist er für das Ziel der gemeinsamen Arbeit zuständig. Deswegen muss er sich auch über die Konzepte im Klaren sein, mit denen er das Ziel erreichen will. Und zu guter Letzt ist er für die Orientierung im Raum verantwortlich und muss dem Pferd die Bewegungsrichtung vorgeben. All diese Verantwortlichkeiten sind natürlich dem Anfänger nicht zuzumuten. Deswegen muss dieser zuerst nur lernen, seinen eigenen Körper auf dem Pferd vollständig unter Kontrolle zu halten.

In der Bewegung sitzen – Einfühlen und Einwirken

Um die Energie des Pferdes ungehindert durch den gesamten Energiekreis fließen zu lassen, muss der Reiter die Bewegungsvorgaben des Pferdes erfühlen, aufnehmen und über sein bewegliches Becken so umwandeln, dass er einerseits *in der Bewegung des Pferdes sitzen* kann, ohne zu stören und andererseits in der Lage ist, diese Bewegung auch zu lenken und zu kontrollieren, wenn es nötig ist.

Um »in der Bewegung zu sitzen« sind verschiedene Dreh- und Kipp-Bewegungen des Reiter-Beckens erforderlich, um die seitwärts und aufwärts gerichteten Impulse aus dem schwingenden Pferderücken aufzunehmen. Die Beweglichkeit des Beckens und die Balance des Reiters sind dabei von immenser Bedeutung für unabhängigen Sitz und präzise Einwirkung.

Der Reiter soll nicht formal gerade sitzen, sondern lernen, sich in jeder Situation sauber auszubalancieren. Reiten bedeutet zuerst einfühlen und dann einwirken: sich erst in die »Bewegungs-Vorgaben« des Pferdes einfühlen und dann erst vorsichtig einwirken. Aus diesem Grund *unterscheide ich zwischen Wahrnehmungs- und Aktionssitz* – zwischen passivem Fühlen und aktivem Einwirken. Während des Reitens muss zwischen beiden Arten hin und her gewechselt werden, wenn auf der einen Seite Kontrolle notwendig ist und auf der anderen Seite unnötige Spannung (Verspannung) bewusst aus dem System genommen werden soll.

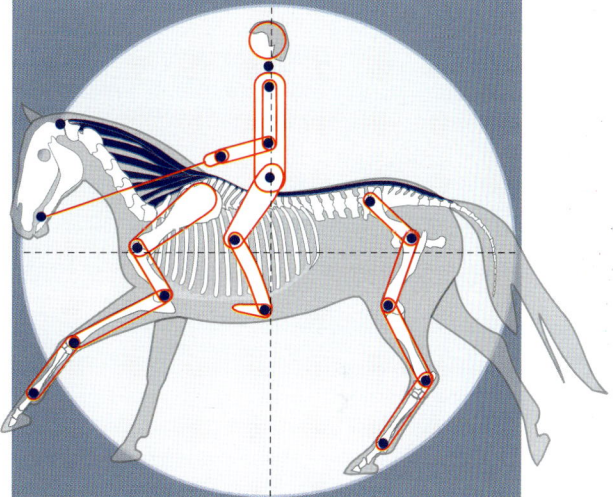

Reiter und Pferd als geschlossenes System in Bewegung.

Wahrnehmungssitz

Falsche oder zu lang andauernde Spannung im Reiterkörper verhindert sensible Wahrnehmung der Vorgänge im Pferdekörper. Einwirkung und Korrektur des Reiters sind ineffektiv, weil er einfach nicht schnell genug die Absichten des Pferdes mitbekommt, wenn seine Muskulatur verkrampft oder sein Becken festgehalten ist.

Der losgelassene Wahrnehmungssitz hält die Gelenke und Rezeptoren offen und federnd und lässt eine weiche Zügelhand mit wenig Zügeldruck überhaupt zu.

Im Wahrnehmungssitz konzentriert sich der Reiter auf die »Bewegungs-Vorgaben« des Pferdes, ohne aktiv einzuwirken.

Er »hört auf sein Pferd«, erfühlt dessen Körperspannung (und damit auch seine »Absichten«) und versucht, Verbindung aufzunehmen und mit ihm in Kontakt zu bleiben. Er konzentriert sich

Leichttraben im Gleichgewicht. Der Oberkörper bleibt in sich gerade, beim Einsitzen jedoch leicht vor der Senkrechten.

jedoch auch auf die Vorgänge im eigenen Körper und dessen Interaktion mit den Vorgaben des Pferdes; darauf, ob seine Gelenke locker sind, ob sein Becken die Impulse des Pferderückens ungehindert aufnimmt, ob er seine Gesäßknochen spürt und wohin sie zeigen, ob das Bein ohne angeklemmtes Knie »hängt« und das Fußgelenk nach unten durchfedern kann, ob der Kopf frei aus den Schultern »wächst«. Und er versucht, über einen »gummibandartigen« Zügel mit dem Maul des Pferdes in Verbindung zu bleiben, was wiederum nur mit lockeren Ellbogen- und Handgelenken in Mittelstellung sowie nach unten »fallender« Schulter und entspannt aus der Schulter hängendem Oberarm möglich ist.

Dieser Wahrnehmungssitz kann jedoch in der dressurmäßigen Arbeit nicht lange gehalten werden. Er wird durch den Aktionssitz abgelöst, in dem der Reiter aktiv fordert, z.B. eine Lektion einleitet, oder aber eine unerwünschte Aktion des Pferdes korrigiert.

Still sitzen – Aussetzen der Einwirkung zur Bestätigung des Pferdes

Wichtig ist, immer wieder, und sei es noch so kurz, in diesen Wahrnehmungssitz zurückzukehren und einfach still zu sitzen und das Pferd seine Arbeit tun zu lassen. Still in dem Sinne, dass der Reiter das Pferd nicht dauernd mit bedeutungslosen Signalen überhäuft, auf die es schließlich

Still sitzen, um das Pferd in dem, was es gerade tut, zu bestätigen.

nicht mehr reagiert, weil sie auch nach seiner Reaktion nicht aufhören. Die isometrische Spannung im Oberkörper und Oberschenkel darf der Reiter jedoch beim »Stillsitzen« nicht aufgeben, weil er sonst seine Stabilität verliert und eben nicht mehr stillsitzen kann. Unter Umständen kann er sie jedoch etwas reduzieren.

Nur, wenn er nicht dauernd aktiv einwirkt, kann der Reiter sowohl unnötige Spannung aus dem eigenen Körper herausnehmen als auch schnell genug spüren, was das Pferd unter ihm tut. Und er kann das Pferd mit dem Aussetzen aller Hilfen, dem Wegnehmen von Druck, für eine richtige Reaktion belohnen. Reitet er dauernd im Aktionssitz, so hält er das gesamte System Reiter+Pferd ständig unter Hochspannung. Mit ständiger Aktion bringt sich der Reiter um das Gefühl der Einheit mit dem Pferd und nimmt Angebote des Pferdes, etwas freiwillig zu tun, nicht wahr.

Der Aktionssitz

Der Aktionssitz tritt immer dann in Erscheinung, wenn der Reiter eine Hilfe gibt oder ein »Ausweichmanöver« des Pferdes verhindern will *(= Einwirkung und Korrektur)*.

Viele Reiter kennen nur den Aktionssitz, treiben ständig vorwärts, auch wenn das Pferd genug Aktivität von hinten zeigt, belästigen das Pferd mit »blindem Aktionismus«, verstärken den Druck an allen möglichen Stellen, ohne ihn wie-

Auch im Aktionssitz wird das Pferd nicht ständig mit Hilfen bombardiert. Hier ist es die leicht angehobene inne-re Hand, um das Pferd im Genick etwas mehr zu stellen und ein Impuls mit dem rechten Schenkel, um mehr Aktivität des rechten Hinterbeins zu bekommen.

der wegzunehmen. Der eine tut dies unabsicht-lich, weil er z.B. seinen klopfenden Schenkel nicht unter Kontrolle hat. Andere missverstehen die Forderung »das Pferd soll ständig an den Hilfen stehen« und spannen das arme Tier zwischen Vortreiben und Verhalten schraubstockartig ein.

Und was tut ein Pferd dagegen? Das eine schot-tet sich ab und wird immer zäher in seinen Reaktionen, weil es, egal was es tut, immer wei-ter mit Signalen traktiert wird. Das andere weiß sich nicht anders zu helfen und rennt dem Druck

davon oder explodiert und bockt sich die vom Reiter verursachte Spannung aus dem Rücken.
In beiden Fällen ist der Reiter schuld (und so mancher Reitlehrer dazu, der die Ursachen des Problems nicht erkennt).

Das »Faulheitsprinzip« – ökonomisch mit den Kräften von Reiter und Pferd umgehen

Sitz und Einwirkung mit dem Ziel »minimale Kraft und maximale Effektivität« lassen sich am besten über das »Faulheitsprinzip« definieren –

mit Faulheit im positiven Sinne: Weder die Kräfte des Reiters noch die des Pferdes sollten unnötig beansprucht werden. Insbesondere nicht dadurch, dass Pferd und Reiter gegeneinander oder aneinander vorbei arbeiten.

Richtig miteinander arbeiten Pferd und Reiter, wenn das Pferd hundertprozentig aufmerksam auf den Reiter achtet (die eigentliche Bedeutung des Begriffes: an den Hilfen stehen), durch angedeutete Signale des Reiters »in Gang gesetzt wird« und durch Aufhören der Signale belohnt werden kann. Wobei jedoch der Reiter die gleiche *konzentrierte Aufmerksamkeit*, die er vom Pferd fordert, wiederum selbst dem Pferd entgegenbringen muss.

Jede Aktion (= Hilfe) muss aufhören, wenn sie ihren Zweck erfüllt hat

Jede richtige »Hilfe« ist so kurz wie nur irgend möglich. Eine Verstärkung des Zügeldrucks (Parade) dauert einen Sekundenbruchteil, bevor wieder die Spannung herausgenommen wird. Beim ersten Anzeichen des Nachgebens seitens des Pferdes, muss auch der Reiter wieder die Spannung aus dem Zügel nehmen, um das Pferd zu belohnen: Gibst Du nach, geb' ich auch nach.

Jede Schenkelhilfe muss aufhören, sobald das Pferd tut, was damit beabsichtigt wurde und der Schenkel muss in die locker hängende Wartestellung (wahrnehmende, passive Haltung) zurückkehren.

Das angezogene Kreuz (gekipptes Becken) muss sofort wieder losgelassen werden, wenn ein Pferd die damit eingeleitete Parade angenommen hat.

(Die einzelnen Hilfen werden später noch ausführlicher erklärt.)

Der korrekte Normalsitz – Erste Übung im Halten

Der Oberkörper – Gesäßknochen und isometrische Muskelspannung

Konzentrieren Sie sich auf Ihre Gesäßknochen. Sie sollten beide gleich stark spüren und sie sollten nach unten zeigen. Dann steht das Becken in der neutralen Mittelposition. Stellen Sie sich vor, Ihr Kopf wächst nach oben aus den Schulterblättern heraus. Lassen Sie ihn also nicht hängen und legen Sie ihn nicht schief zur Seite. Lassen Sie die Schultern locker nach unten (nicht nach vorn!) fallen. Drücken Sie nicht eine herunter oder ziehen eine hoch, denn damit sitzen Sie schief und bekommen auf einen Gesäßknochen mehr Gewicht.

Konzentrieren Sie sich auf Ihren Oberkörper: rechte und linke Seite, vorne und hinten müssen sich gleich lang anfühlen. Ihre Gesäßknochen sollen Sie beidseitig gleich stark und nach unten zeigend spüren.

Um Ihren Oberkörper zu stabilisieren (was im Halten noch nicht schwer fällt), können Sie schon einmal die isometrische Spannung im Bauch üben. Stellen Sie sich eine kleine Energiekugel in der Baumitte vor, die Sie nach außen ausdehnen, als ob Sie sich in die Nase schneuzen. Dieser Druck »von innen nach außen«, bezeichnet die richtige Spannung, die Sie für die Stabilisierung des Oberkörpers brauchen. Um diese Spannung zu halten, ohne dabei das (Ein-)Atmen zu vergessen, müssen Sie nun noch lernen, in den Bauch hinein zu atmen (Zwerchfellatmung) statt in den Brustkorb (Brustatmung).

Eine zusätzliche Stabilisierung des Oberkörpers erfolgt über das Schließen der Achselhöhlen hinten. Das wird im nächsten Abschnitt noch genauer erklärt

Hand- und Armhaltung: Die Oberarme hängen senkrecht aus der Schulter, die Hände werden etwa auf Hüft-breite getragen, als ob man ein Wasserglas balancieren wollte. Unterarm und Zügel bilden im Idealfall eine gerade Linie. Die Ohrenstellung des Pferdes zeigt hier seine Aufmerksamkeit auf die Signale der Reiterin.

Muskelverkettungen in Arm und Bein

Sowohl im Arm als auch im Bein gibt es komplet-te Muskelketten, die gemeinsam aktiviert wer-den und sich sowohl positiv wie negativ bis ins Becken des Reiters auswirken. Beim Reiten ist es wichtig, die Muskelketten im Arm in die Außen-rotation und die im Bein in die Innenrotation zu bekommen, um Stabilität im Sitz auf der einen und Losgelassenheit in den Gelenken auf der anderen Seite zu gewährleisten.

Die Außenrotation im Arm und die getragene Hand

Die Oberarme hängen senkrecht aus den Schul-tern herunter. Die Hände tragen Sie gleich hoch nebeneinander vor sich her – als ob Sie in jeder ein Ei auf einem Löffel oder ein Glas mit Wasser balancieren wollten (übrigens beides eine gute Übung). Wenn Sie den Ellbogen abwinkeln, brau-chen Sie eine minimale Anspannung des Bizeps – so viel, als wollten Sie ein paar Blatt Papier vor sich her tragen.

Energie erzeugen aus der Hinterhand für eine freiere Haltung. Die Kruppe senkt sich, die Schulter hebt sich. Das Pferd balanciert sich selbst am losen Zügel aus. Der Oberkörper des Reiters bleibt in sich gerade und wird nicht schiebend nach hinten gelegt. Die Ellbogen bleiben gewinkelt, der Oberarm und das Bein »hängen« locker.

Schließen Sie Ihre Achselhöhlen hinten. Dadurch kommen Ihre Arme von allein in die richtige Außenrotation: Die Ellbogen bleiben am Körper, die Schulter bleibt unten, die Hände kommen automatisch in die richtige getragene Position und stehen etwa auf Breite Ihrer Hüften, was die bequemste Position ist, d.h. die, bei der die Gelenke selbst die wenigste Spannung aufweisen. Stellen Sie sich das Schließen der Achselhöhle so vor, als ob sie nach vorn von jemand wegziehen, der mit seinen beiden Händen unter Ihren Achseln nach hinten zieht.

Früher hat man häufig gesagt »Brust raus – Schulterblätter zusammen«. Diese Anweisung ist jedoch gefährlich, weil sie den Reiter dazu verführt, dabei ein Hohlkreuz zu machen und seine vordere Seite zu verlängern – und im Endeffekt den Beckenkamm nach vorne kippen und die Gesäßknochen nach hinten zeigen lässt.

Halten Sie alle **Gelenke im Arm in Mittelstellung** Das ist die Gelenk-Stellung, die Ihnen die »unabhängige Hand«, also den besten Handlungsspielraum und die gefühlvollste Verbindung zum Pferdemaul ermöglicht. Alle Gelenke können in dieser Mittelstellung nach zwei Seiten bewegt werden und somit Bewegungen, die aus dem Pferderücken und Reiteroberkörper noch im Arm ankommen, so wegfedern, dass die Hand relativ zum Widerrist des Pferdes ruhig stehen bleiben kann.

Die *Handgelenke* bleiben gerade. Knicken Sie die Handgelenke nicht nach außen oder innen ab und verdrehen Sie sie nicht, so dass Ihr Handrücken nach oben zeigt.

Halten Sie Ihren *Ellbogen* möglichst in einem Winkel zwischen 70° und 90°. Der Ellbogen ist die zentrale Stelle am Arm, an der »überschüssige Bewegung« weggefedert wird. Je gerader der Arm wird und je tiefer die Hand Richtung Widerrist des Pferdes gedrückt wird, desto unbeweglicher wird Ihr Ellbogen, desto fester Ihre Schulter und unruhiger die Hand, was eine weiche Zügeleinwirkung unmöglich macht. Ein Abspreizen der Ellbogen bringt den Reiterarm in eine falsche Innenrotation, lässt die Schulter in der Folge nach vorn fallen – und schließlich den Reiter im Bauch zusammenfallen (d.h. der Beckenkamm kippt nach hinten, der Reiter sitzt im Stuhlsitz oder fällt nach vorn).

Machen Sie eine *Zügelfaust*, bei der der *Daumen oben ein kleines Dach* bildet. Das erfordert die geringste Anstrengung; auch das »Daumendach« ist Bestandteil der richtigen Außenrotation mit minimaler Muskelspannung im Arm: Versuchen Sie einmal, den Daumen nach oben, also anders herum durchzubiegen, und achten Sie auf die dadurch bedingten Spannungen im ganzen Arm.

Drücken Sie die Zügelfaust nicht mit aller Gewalt zu, sondern nur so viel wie Sie brauchen, um die Zügel gut im Griff zu haben, ohne dass sie durchrutschen. Sie brauchen noch »Reserven«, um bei Bedarf durch stärkeres Zumachen der Hand eine Parade zu geben.

Die Innenrotation im Bein

Stabilität im Oberschenkel und Federung im Fußgelenk

Kommen wir nun zum unteren Teil des Reiterkörpers. Drehen Sie die Beine aus dem Hüftgelenk leicht nach innen. Damit verhindern Sie schon »weit oben«, dass Fußspitzen und Knie nach außen zeigen und die falsche Außenrotation ins Bein kommt. Stellen Sie sich vor, dass Ihr Absatz nach außen zeigt, nicht die Fußspitze. Hüfte und Fußgelenk sollten dabei in einer Senkrechten liegen. Dazu müssen Sie den Unterschenkel ziemlich weit zurücknehmen.

Stellen Sie sich vor, *Sie knien auf dem Pferd* und der Unterschenkel hängt einfach locker am Knie dran. Den Unterschenkel brauchen Sie zum reinen »Sitzen« nicht; Sie brauchen ihn nur, wenn Sie dem Pferd ein Signal, eine Hilfe, geben wollen.

Ihr Oberschenkel ist jedoch isometrisch gespannt und trägt zur Stabilität des Sitzes bei. Stellen Sie sich dabei vor, dass der Oberschenkel sich dicht an den Sattel anschmiegt. Dazu spannen Sie innere und äußere Oberschenkelmuskulatur gegeneinander an. Die richtige *isometrische Spannung im Oberschenkel* führt dazu, dass Sie einen Teil Ihres Gewichtes vom Pferdrücken herunterleiten können und dem Pferd so das Tragen Ihres Gewichtes erleichtern. Das Knie bleibt dabei tief und wird nicht stärker an den Sattel gedrückt als der Rest des Oberschenkels.

Ein *hochgezogenes Knie* würde zum *Stuhlsitz* führen und zu nach vorn zeigenden Gesäßknochen, ein zu weit heruntergedrücktes Knie bei zu

Reiterin und Pferd in freier Selbsthaltung. Beide halten sich unabhängig voneinander im Gleichgewicht. Keiner stützt sich beim anderen ab.

langem Bügel und zu weit zurückliegendem Unterschenkel zum **Spaltsitz mit Hohlkreuz** und nach hinten zeigenden Gesäßknochen. Die richtige Oberschenkelspannung und die richtige Lage des Knies lassen sich überprüfen, wenn Sie darauf achten, dass Ihre Gesäßknochen weiterhin nach unten zeigen.

Mittelstellung der Gelenke im Bein

Auch die Gelenke im Bein müssen in der Mittelstellung als Ausgangsposition stehen. Das Becken und die Hüftgelenke tun es, wenn die Gesäßknochen nach unten zeigen. Das Knie hat

für den Normalsitz etwa einen Winkel von 90° bis 100° Grad (beim Springen etwas weniger) und beim am wenigsten beweglichen Fußgelenk wird die Fußspitze gerade so weit angehoben, dass Sie eine leichte Spannung in die Wade bekommen (um den Unterschenkel zu stabilisieren).

Knie und Fußgelenk müssen federn können. Auch das Knie liegt zwar eng, aber nicht starr am Sattel; es federt mithilfe des Fußgelenks und des Beckens die Bewegung des Pferderückens nach unten ab. Wo ein beliebiges Gelenk im Reiterbein festgestellt wird, ist der gesamte Sitz blockiert. Bei einem Pferd mit wenig Schwung fällt das

Innenrotation im Bein: Das ganze Bein wird aus dem Hüftgelenk nach innen gedreht; das Knie bleibt flach am Sattel, der Absatz wird vom Pferd weggedreht.

Schulterherein mit frei hängendem Bein und einhändiger Zügelführung. Der Oberkörper bleibt mittig über dem Pferd, das Becken steht senkrecht. Die Seitwärtsbewegung wird durch die Beckenausrichtung und Blickrichtung initiiert, nicht durch drückenden Schenkel und ziehenden Zügel.

unter Umständen nicht gleich auf; ein schwungvolles Pferd mit viel Rückenbewegung können Sie dann nicht mehr sitzen.

Blockieren Sie die Federwirkung in Ihrem Fußgelenk nicht, indem Sie die Fußspitzen mit aller Gewalt anheben oder den Absatz mit herunterdrücken. Damit Sie den Steigbügel nicht verlieren, brauchen Sie etwas Spiel im Fußgelenk – sowohl nach oben als auch nach unten.

Die richtige Steigbügellänge ist für die korrekte »Mechanik« im Reiterbein sehr wichtg: zu lange Steigbügel lassen den Reiter ins Hohlkreuz und in den Sitz auf dem Oberschenkel (Spaltsitz) fallen, zu kurze in den Stuhlsitz.

Versuchen Sie nie, sich mit den Beinen (mit den Knien oder Unterschenkeln) am Pferd festzuhalten. Durch dieses »Klammern« kommen Sie in die falsche Außenrotation, blockieren Ihre Beckenbeweglichkeit und hebeln sich regelrecht nach oben aus dem Gleichgewichtssitz heraus.

Funktionelle Atmung

Eine funktionelle Atmung hängt mit ungestörter Bewegung im Brustkorb zusammen.

Ein *eingefallener Brustkorb* behindert das Einatmen. Wer schon einmal einen Schlag in den Magen bekommen hat, weiß, dass ein solcher ein Zusammenkrümmen (Beugemuster) verursacht und in dieser Stellung das Einatmen kurzfristig nicht mehr möglich ist.

Andererseits *blockiert angehaltener Atem jede Bewegung*. Wer einen Schreck bekommt, schnappt nach Luft und »erstarrt«. Damit setzt er sich unter Spannung, füllt seine Lungen mit Sauerstoff, um notfalls schnell Energie für Kampf oder Flucht mobilisieren zu können.

Mit *bewusstem Ausatmen* entspannt er sich wieder. Atmet er rasch aus, so setzt er die Spannung

schnell wieder frei. Viele Kampfsportler stoßen vor dem Angriff die Luft in Form eines Schreis aus – damit setzen sie blitzartig Energie (Kraft) frei.

Mit dem *ruckartigen Ausstoßen der Atemluft* können Sie auch Ihr Pferd blitzschnell anhalten. Probieren Sie einmal aus, was passiert, wenn Sie die Luft mit einem Schrei ausstoßen: Die Bauchmuskeln spannen sich, der Brustkorb fällt zusammen, die Rippen nähern sich den Beckenknochen – der Beckenkamm wird nach hinten gekippt. Merken Sie was? Das ist die blockierende Gewichtshilfe.

Westernreiter nutzen diesen Mechanismus – oft, ohne es zu wissen – indem sie einen Stopp mit der Stimmhilfe »Ho« oder »Whoa« einleiten. (Alle anderen Reiter, die mit einer zusätzlichen Stimmhilfe anhalten, natürlich auch.)

Hier haben wir den Nutzen von unterbrochener Atmung.

In den Fällen, in denen Bewegung nicht gestoppt oder blockiert werden soll, muss auch die Atmung ungehindert »fließen«, darf also nicht stocken. »Mir stockt der Atem« ist immer ein Synonym für Erstarrung. Und die brauchen wir auf dem sich bewegenden Pferd nun überhaupt nicht, wie wir in den anderen Funktionskreisen gesehen haben.

Ein *bewusstes langsames Ausatmen* löst vorhandene Spannung (Luft rauslassen). Ein bewusstes Einatmen richtet den zusammengefallenen Brustkorb auf.

Bewusstes Ausatmen muss also nicht zwingendermaßen Bewegung blockieren. Atmet man langsam genug aus, so fällt nicht der Brustkorb zusammen, sondern es werden nur die Schultern »gelöst«.

Eine schöne Übung sowohl für die Aufrichtung im Brustkorb als auch für das richtige »*Fallenlassen*« *der Schultern* ist folgende:

Stellen Sie sich locker, mit leicht gebeugten Knien hin. Atmen Sie langsam tief ein – spüren Sie, wie der Brustkorb sich hebt, der Oberkörper sich aufrichtet, Ihre Rippenbögen etwas nach oben kommen. Stellen Sie sich vor, es zieht zusätzlich jemand Ihren Kopf nach oben, so dass das Okzipitalgelenk (1. Halswirbel am Schädelansatz) frei wird. Halten Sie diese »Einatmen-Spannung« 2–3 Sekunden – atmen Sie dann langsam wieder aus, lassen Sie dabei den Schwerpunkt oben in der Einatmen-Stellung (der Oberkörper bleibt aufgerichtet) – erlauben Sie es Ihren Schulten jedoch, mit dem Ausatmen senkrecht nach unten zu sinken (nicht nach vorn). Damit entspannen Sie das Schultergelenk und die Halswirbelsäule. Drücken Sie die Schultern jedoch nicht bewusst nach unten, denn dann haben Sie nur die eine Spannung durch eine andere ersetzt.

Bauch- oder Zwerchfellatmung

Bei Reitern mit Hohlkreuz oder mit zu wenig Körperspannung ist es sinnvoll, eine andere Art der Atmung zu trainieren, um den Sitz in der Mittelpositur stabiler zu machen; es ist dies die Bauch- oder Zwerchfellatmung, bei der sich der Brustkorb beim Einatmen nicht nach vorne weitet und hebt wie bei der Brustatmung. Insbesondere Reiter mit Hohlkreuz profitieren davon, weil das tiefe Einatmen bei der Brustatmung sie noch weiter ins Hohlkreuz fallen lässt. Stellen Sie sich beim Einatmen vor, dass die Luft in einen Ballon in Ihr Becken gedrückt wird, statt den Brustkorb zu weiten; das erhöht die isometrische Bauchmuskelspannung und gibt mehr Stabilität. Bei kurzfristig nötigen Spannungsspitzen (Korrektur) kann der Reiter auf diese Weise trotz der erhöhten Spannung normal weiteratmen.

Sitzen in der Bewegung

Alle Bewegungen des Reiter-Pferd-Systems (des Energiekreises) laufen im Becken des Reiters zusammen

Durch die verketteten Muskelgruppen in Beinen und Armen des Reiters wirken sich alle Aktionen im Becken immer direkt auf einen größeren Körperbereich aus. Und im Endeffekt hängen alle Muskelketten der Gliedmaßen des Reiters wiederum »am Becken dran«. Becken und Wirbelsäule des Reiters bilden die »zentrale Sammelstelle« für alle Bewegungen und Aktionen des Reiters. Ein steifes Becken oder eine unbewegliche Hüfte wirken sich im Gegenzug bis in die Fußspitzen des Reiters und – über die Schulter – bis in die Zügelhand aus.

Viele Fehler des Reiters in der Handhaltung/Zügelführung oder auch in der Einwirkung mit dem Schenkel bzw. in der Lage des Schenkels resultieren aus einer falschen Beckenstellung bzw. mangelnder Beckenbeweglichkeit und können deswegen nicht an der Stelle korrigiert werden, wo sie sich zeigen, sondern nur über die Veränderung der Beckenstellung.

Zudem bildete das Becken auch noch die »Auffangstelle« für die Bewegungen des Pferdes.

Das Becken hat also die zentrale Bedeutung im gesamten Energiekreis und darf nie längerfristig blockiert werden, wenn nicht der gesamte Energie- und Bewegungsfluss gehemmt werden soll.

Vor und hinter der Bewegung

Verkürzen sich die Rückenstrecker zu stark, so fällt der Oberkörper ins *Hohlkreuz*. Nimmt der Reiter nun noch die Schultern mit Gewalt nach hinten, so verkürzen sich auch die Trapezmuskeln im Schultergürtel und verstärken das Hohlkreuz. Legt der Reiter zusätzlich den Kopf in den

Im ausgesessenen Trab muss der Reiter im Oberkörper senkrecht bleiben, um in der Bewegung zu sitzen. Das gilt für alle Reitweisen.

Nacken, so führt dies zu einer weiteren Überstreckung nach hinten und zur weiteren Verstärkung des Hohlkreuzes. Der ganze Oberkörper ist nach hinten überstreckt und wird unbeweglich, weil Wirbelsäule und Becken die ankommenden Bewegungen aus dem Pferderücken nicht mehr ausgleichen können. Der Beckenkamm ist in dieser überstreckten Stellung komplett nach vorn gekippt, das Gesäß nach hinten herausgestreckt (die Gesäßknochen zeigen nach hinten). Der Reiter kann nicht mehr in der Bewegung des Pferdes sitzen – er weicht ihr durch Sitzen auf dem Oberschenkel aus und ist meist ***vor der Bewegung***.

Eine ganz ähnliche Unbeweglichkeit entsteht, wenn der ***Oberkörper nach vorn zusammenfällt***. Die Ursachen sind ein Einziehen des Bauches (Anspannen, d.h. Verkürzen der Bauchmuskulatur), ein Vorfallen von Brustkorb und Schulter und ein Hängenlassen des Kopfes. Die Lenden-Wirbelsäule wird in dieser »buckligen Haltung« in der »geraden Stellung« festgehalten und kann wiederum nicht frei schwingen. Der Beckenkamm ist dauerhaft nach hinten gekippt, der Gesäßmuskel gespannt, das Gesäß also nach vorn gezogen (die Gesäßknochen zeigen nach vorn). Auch das Hochziehen der Schulter, das »Einziehen« des Kopfes zwischen die Schultern,

Streckmuster: Der Oberkörper ist in sich ganz gerade und stabil; alle Seiten sind gleich lang. Das Bein hängt locker und federt über Knie und Fußgelenke die Rückenbewegung des Pferdes nach unten. Der Oberarm hängt und die Hand wird getragen.

begünstigt diese gerade Stellung. Das Reiten mit vorgestreckten Armen, das Aufsetzen der Hände auf dem Widerrist und das beliebte »Hände-in-den-Bauch-Ziehen«, wenn der Zügel zu lang ist und nicht rechtzeitig nachgefasst wird, führen auch zu dieser Blockade der Wirbelsäule in der geraden und des Beckenkammes in der nach hinten gekippten Stellung.

In dieser Haltung weicht der Reiter den Rückenbewegungen des Pferdes meist nach hinten aus; er kommt hinter die Bewegung (Stuhlsitz, Rücklage, zu weit hinten einsitzen beim Leichttraben). Seine Unterschenkel sind dann zu weit vorn. In selteneren Fällen hängt er jedoch auch dem Pferd beim Leichttraben auf der Schulter.

Beckenbeweglichkeit: die Dreh-Kipp-Bewegung im Becken

Die meisten Bewegungen, die der Reiter auf dem Pferderücken ausführen muss, um sowohl in der Bewegung des Pferdes sitzen zu können als auch das Pferd zu beeinflussen (Hilfengebung), sind von der richtigen Stellung und Bewegung des Beckens abhängig. Mit der Beckenbeweglichkeit steht und fällt die Losgelassenheit des Reiters und in der Folge, wie wir noch sehen werden, auch des Pferdes. Der Reiter darf im Normalfall (wenn das Pferd tut, was es soll) nie, nie, nie sein Becken feststellen (seinen Beckenkamm in einer Stellung halten, das Kreuz dauerhaft »anziehen«). Die richtige Beckenbewegung des Reiters, um das Pferd in seiner Rückenbewegung nicht zu

behindern, ist eine wechselseitige Dreh-Kipp-Bewegung für Schritt und Trab und eine »Rössel-sprung«-Bewegung für den Galopp.

Manche Reiter kippen nur den Beckenkamm vor und zurück und befinden sich dann – ohne das nötige Element der Torsion (Drehung) – nicht hundertprozentig im Einklang mit der Pferde-bewegung; sie stören das Pferd mehr oder weni-ger stark im Rücken, ohne es zu wollen und ohne es zu wissen. Die Torsion, die nötig ist, um in der Bewegung zu sitzen, ist nicht identisch mit dem so genannten »Drehsitz«, der für Wendungen angewandt wird (dazu kommen wir später). Es handelt sich vielmehr um ein wechselseitiges leichtes Anheben und im Bogen nach vorn Absetzen, wie man es am besten für den Schritt und Trab nachempfinden kann, wenn man auf seinen Gesäßknochen läuft (Sitzlaufen). Oder Sie setzen sich auf einen Stuhl und machen die »Windmühle rückwärts«. Dieses versetzte Arm-kreisen rückwärts bewegt Becken, Hüfte und Gesäßknochen so, wie sie das Pferd im Schritt oder Trab bewegen würde.

Streckmuster und Beugemuster im Sitz des Reiters

Für den Sitz des Reiters in seiner »Gesamt-wirkung« auf das Pferd sind noch die Begriffe Streck- und Beugemuster von Bedeutung.

Das *Streckmuster* bedingt in seiner richtigen Form die innerliche und äußerliche Aufrichtung des Reiters. Wirbelsäule und das daran hängende Becken werden in eine Mittelstellung gebracht und bleiben nach allen Seiten frei beweglich. Schultern und Oberarme »fallen« senkrecht nach unten, der Brustkorb ist weit (jedoch nicht nach vorn gestreckt), der Kopf »wächst« aus dem frei beweglichen Hals nach oben. Wird es übertrie-ben (gemäß der alten, oft missverstandenen

Anweisung: Brust raus, Schultern nach hinten) so sitzt der Reiter überstreckt (siehe oben).

Das *Beugemuster* führt zu einem Zusammen-fallen im Oberkörper. Die Schultern werden nach vorn genommen, der Bauch eingezogen; der Reiter krümmt sich zusammen.

Das Beugemuster ist ursprünglich ein Schutz-reflex, hervorgerufen durch Angst vor dem Fallen. Die inneren, lebenswichtigen Organe sollen durch das Zusammenkrümmen bei einem Sturz geschützt werden. Auf dem Pferd stellt das Beugemuster die Wirbelsäule des Reiters in der geraden Stellung fest und kippt den Becken-kamm nach hinten. Diese Stellung blockiert die Bewegung des Pferderückens.

Das Beugemuster macht steif und krumm. Ein hängender Kopf, abgespreizte Ellbogen oder hochgezogene Knie sind der Beginn des Beuge-musters.

Das Beugemuster kann aktiv mit zu viel und pas-siv mit zu wenig Körperspannung herbeigeführt werden. Im ersten Fall ist es meist eine Angst-reaktion, im zweiten tritt es oft bei Reitern auf, die von Natur aus wenig Körperspannung und eine schlaffe Muskulatur haben. (Häufig ist dies auch mit wenig Durchsetzungsvermögen und mangelnder innerer Energie verbunden.)

Der Sitz in den einzelnen Gangarten
Bewegungsgefühl im Schritt entwickeln

Der Schritt stellt für Reiter und Pferd die gerings-te Schwierigkeit dar. Das Pferd hat immer drei seiner Beine auf dem Boden, der Reiter wird nicht »geworfen«. Das Pferd hat keine Angst, sein Gleichgewicht zu verlieren, denn nur ein Bein befindet sich jeweils nicht in Stützposition. Sie als Reiter haben keine Probleme und können sich

Stabilität im Sitz durch Körperspannung. Beweglichkeit durch losgelassene Gelenke. Und ein Pferd in Selbsthaltung. Dann sieht das Reiten federleicht aus.

voll auf Ihr Körpergefühl konzentrieren – können erfahren, dass Sie sich erhaben und sicher fühlen, wenn Sie sich stolz und mit ausreichender Körperspannung aufrichten, und dass Sie sich klein und unsicher vorkommen, wenn Sie zusammengesunken wie ein Häuflein Elend auf dem Pferderücken hocken. Ihr Körpergefühl teilt sich dem Pferd über Ihre Haltung deutlich mit. Ist das Gefühl der »Erhabenheit« im Schritt entwickelt, so fällt es Ihnen in den anderen Gangarten, bei denen der aufrechte Sitz noch notwendiger wird, leichter, es wieder zu finden.

Achten Sie auf die Belastungsveränderungen an Ihren Gesäßknochen. Sie sollten spüren, wie sie wechselseitig angehoben und wieder nach vorn unten abgesetzt werden. Lassen Sie sich von den wechselseitig vortretenden Hinterbeinen des Pferdes mitbewegen.

Durch die schreitende Viertaktbewegung des Schritts nähert der Bauch des Pferdes sich von allein abwechselnd rechts und links Ihrem locker anliegenden Unterschenkel. Man sagt auch: Das Pferd holt sich seine treibenden Hilfen für den Schritt von selbst. Versuchen Sie nicht, mit Ihrem Oberköper Schwung zu holen und damit den Schritt fleißiger zu machen. Und begrenzen Sie auch die unwillkürliche Bewegung Ihrer Unterschenkel, indem Sie sich vorstellen, die Bewegungen des Pferdes nach unten abzufedern statt das Bein unwillkürlich an den Pferdebauch fallen zu lassen. Sparen Sie sich schon dieses Heranfallen-Lassen als bewusste Hilfe auf.

Sitzen im Gleichgewicht mit senkrechtem Oberkörper und getragener Hand. Das Reiterbecken kann seine Funktion als »Bewegungsumwandler« nur in dieser Form richtig übernehmen.

Mit dem Schwung umgehen im Trab

Der Trab hat eine diagonale Fußfolge, unterbrochen durch eine Schwebephase. Zur Vorwärtsbewegung kommt ein deutliches Abfedern des Pferdes nach oben hinzu. Der Reiter wird »geworfen« – je mehr Schwung das Pferd entwickelt, umso stärker. Diese schwungvolle Bewegung nach vorn-oben fangen Sie allein mit Ihrem beweglichen Becken in Verbindung mit isometrischer Spannung im Oberschenkel und Bauch ab. Sie müssen dabei senkrecht im Oberkörper bleiben, das Knie tief lassen und alle Gelenke in losgelassener Mittelstellung halten. Achten Sie darauf, dass Sie weiterhin Ihre Gesäßknochen wahrnehmen. Wie im Schritt werden diese wechselseitig angehoben und abgesetzt, wie oben bei der Dreh-Kipp-Bewegung des Beckens schon erklärt. Und vergessen Sie das Atmen nicht.

Keine Ausweichmanöver

Sie dürfen nicht versuchen, den Bewegungen des Pferderückens auszuweichen, indem Sie z.B. den Oberkörper nach hinten legen. Das bringt Sie selbst und das Pferd aus dem Gleichgewicht. Sie schieben das Pferd damit praktisch nach vorn auf die Schulter und es wird sich »zum Dank« bei Ihnen auf die Hand legen, um sein Gleichgewicht nicht zu verlieren.

Auch durch Klemmen mit den Oberschenkeln und Knien können Sie dem Schwung nicht ausweichen. Damit hebeln Sie sich aus dem Sitz heraus und werden Sie instabil. Das gleiche pas-

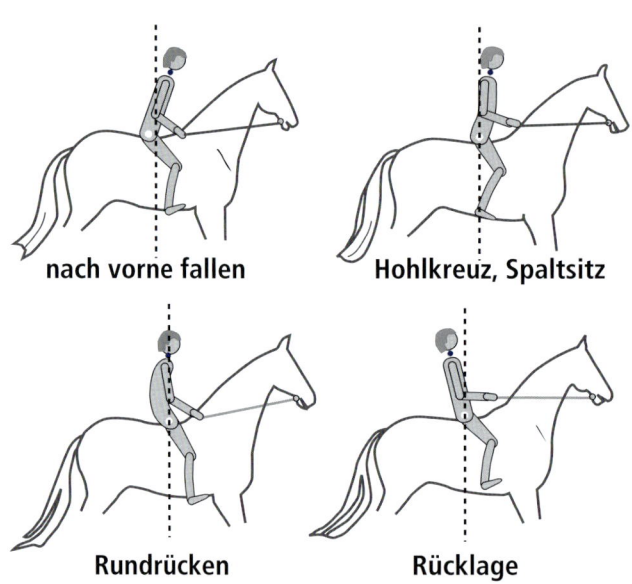

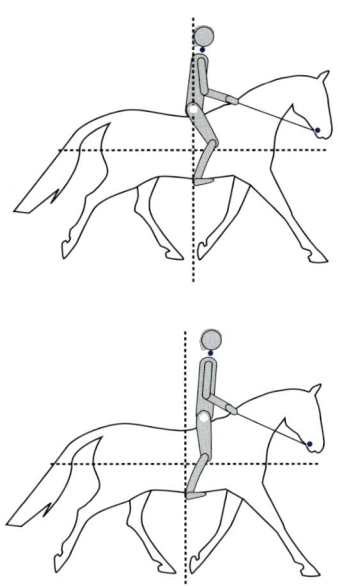

nach vorne fallen   **Hohlkreuz, Spaltsitz**

Rundrücken   **Rücklage**

Die 4 häufigsten Fehlhaltungen. Alle diese Fehlhaltungen blockieren das Becken des Reiters und beeinträchtigen in der Folge die Bewegungen des Pferdes. Sie führen beim Reiter zu instabilem Sitz, verzögerten Reaktionen und mangelnder Kontrolle.

Korrektes Leichttraben: Beim Aufstehen den Hüftwinkel ganz aufmachen und beim Einsitzen etwas vor der Senkrechten bleiben.

siert, wenn Sie nach vorn fallen und/oder auf dem Oberschenkel sitzen. Sie »verlieren« Ihre Gesäßknochen und damit die Verbindung mit dem Pferderücken. In der Folge können Sie das Pferd immer schlechter beeinflussen, weil Sie den wichtigsten Kontakt mit ihm, nämlich den zwischen Pferderücken und Reitergesäß, verloren haben.

Marscherleichterung – Das Leichttraben

Im Trab haben Sie zwei Möglichkeiten, die Stöße des Pferderückens auf Ihre Wirbelsäule abzumildern und damit Ihren eigenen Rücken und den des Pferdes zu schonen: Es sind diese das Leicht-

traben und der leichte Sitz. Beim Leichttraben berührt Ihr Gesäß nur bei jedem zweiten Trabtakt den Sattel. Im leichten Sitz kommt es überhaupt nicht in den Sattel. Federn Sie stattdessen über Knie, Oberschenkel und Fußgelenk die Bewegungen des Pferderückens ab. Stabilisieren Sie dabei Ihren Oberkörper durch die isometrische Spannung im Bauch.

Im Leichttraben soll das Pferd mit entlastetem Rücken flott vorwärts gehen. Deswegen darf Ihr Oberkörper beim Einsitzen nicht senkrecht bleiben – in dem Moment, in dem Sie den Sattel erreichen, wären Sie nämlich beim Leichttraben

schon hinter der Bewegung und würden dem Pferd in den Rücken fallen. Knicken Sie den Oberkörper also ganz leicht in den Hüftgelenken nach vorn ab, sodass ein kleiner Teil Ihres Gewichtes beim Einsitzen auf den Oberschenkeln ruht. Knie und Hüftgelenke dienen als Drehpunkte. Der Oberkörper bleibt zwischen Schultern und Hüften in sich gerade und durch Ihre Körperspannung stabil.

Wenn Sie aufstehen, tun Sie das nicht aus dem Bügel heraus. Benutzen Sie den Bügel nicht wie eine Trittleiter. Wenn Sie richtig leichttraben, kommt nicht sehr viel mehr Gewicht in den Bügel als beim Aussitzen; Sie stehen stattdessen aus dem Knie auf (das kann anfangs schon einmal zu Muskelkater in den Oberschenkeln führen).

Wichtig ist, dass Sie beim Aufstehen nicht ins Hohlkreuz fallen, sondern stabil im Oberkörper bleiben und am höchsten Punkt des Aufstehens Ihren Hüftwinkel weit aufmachen. Um ausbalanciert und in der Vorwärtsbewegung des Pferdes zu bleiben, müssen Sie weit nach vorn über den Vorderzwiesel aufstehen. Am höchsten Punkt der Bewegung sind Hüft- und Kniewinkel weitest möglich offen. Wie hoch Sie aufstehen, hängt vom Schwung des Pferdes ab (Fortgeschrittene Reiter können die Rückenbewegung eines Pferdes, das den Rücken festhält, durch betontes Aufstehen nach vorn-oben praktisch mit »hochziehen«). Ihr Unterschenkel rührt sich weder beim Aufstehen noch beim Setzen von der Stelle. Wenn Sie sich setzen, schließen Sie Hüft- und Kniewinkel, wenn Sie aufstehen, öffnen Sie sie. Klingt ganz einfach! Ist jedoch in der Praxis mit viel »Muskelarbeit« im Oberschenkel und viel isometrischer »Haltearbeit« im Oberkörper verbunden.

Leichttrab-Übung im Halten

Die richtige Leichttrabmechanik kann man im Halten üben. Viele Reiter, die dies das erste Mal probieren, bekommen ihren Allerwertesten ohne den Schwung des Pferdes in der Bewegung überhaupt nicht hoch, weil sowohl Balance als auch die richtige Technik und die Kraft im Oberschenkel fehlen. Oder ihr Unterschenkel bleibt nicht am Platz, weil sie versuchen, aus dem Bügel aufzustehen. Oder sie fallen beim Aufstehen ins Hohlkreuz, weil das die Muskeln des Oberschenkels entlastet. Wenn die Mechanik im Halten jedoch klappt, fällt sie in der Bewegung sehr viel leichter, weil der Schwung des Pferdes den Reiter praktisch hochwirft.

Wenn Sie auf dem stehenden Pferd »leichttraben« können, stimmt Ihre Balance und die richtigen Muskeln arbeiten. Wichtig ist, dass Sie beim Aufstehen nicht ins Hohlkreuz fallen, dass sich der Unterschenkel weder beim Aufstehen noch beim Hinsetzen von der Stelle bewegt und dass Sie nicht viel Druck im Bügel haben.

*Leichttraben: Den Hüftwinkel beim **Aufstehen** ganz aufmachen. Die Lage des Unterschenkels verändert sich nicht gegenüber dem Einsitzen. Impulspunkt fürs Aufstehen ist das Knie, nicht der Steigbügel. Der Ellbogenwinkel öffnet sich.*

*Leichttraben: Beim **Einsitzen** mit geradem Oberkörper etwas vor der Senkrechten bleiben. Der Ellbogenwinkel schließt sich etwas. Die Hand bleibt auf gleicher Höhe wie beim Aufstehen.*

Leichttraben – innen und außen

Der Reiter trabt auf dem äußeren Hinterfuß leicht. Außen ist die gedehnte Seite des Pferdes, innen ist die hohle Seite des Pferdes, nach der es gestellt und gebogen ist (s. Seite 85). Wenn Sie auf dem äußeren Hinterfuß leicht traben, bedeutet das: Sie stehen auf, wenn die äußere Schulter des Pferdes nach vorn geht und setzen sich, wenn die innere Schulter nach vorn geht. Da der Trab ein diagonaler Zweitakt ist (inneres Hinterbein tritt gleichzeitig mit äußerem Vorderbein vor, äußeres Hinterbein gleichzeitig mit innerem Vorderbein), belasten Sie also dann den Rücken des Pferdes, wenn das äußere Hinterbein vortritt. Dadurch muss das äußere Hinterbein etwas mehr tragen, das innere kann freier vortreten. Das erlaubt eine bessere Biegung des Pferdes nach innen, weil es den inneren Fuß leichter unter seinen Schwerpunkt setzen kann.

Leichter Sitz im Trab

Zwischen dem leichten Sitz und dem Leichttraben bestehen nur geringe Unterschiede. Ticken Sie im Leichttraben beim Einsitzen den Sattel mit dem Gesäß nur noch kurz an (ohne jedoch die Gesäßknochen wirklich zu belasten), so bleiben Sie im leichten Sitz mehr auf dem Oberschenkel und balancieren sich gleichmäßig über das Dreieck Hüftgelenk, Kniegelenk und Fußgelenk aus. Ihr Gesäß kommt nicht mehr direkt in den Sattel. Ihr Gewicht ruht zum größten Teil auf Oberschenkel und Knie und nur zum geringeren Teil im Bügel. Stehen Sie auf keinen Fall mit durchgedrücktem (geradem) Knie im Bügel, denn in dieser Haltung haben Sie keinerlei Stabilität.

Das Knie ist der Hauptangelpunkt für die Balance im leichten Sitz. Es sollte nicht aus seiner Lage verrutschen (wobei der Winkel sich durchaus ver-

änden kann). Das verhindert der Knieschluss durch Innenrotation im Bein und isometrischen Spannung im Oberschenkel.

Die Hilfen zum Antraben

Zum Antraben aus dem Schritt und zur Verstärkung des Tempos im Trab lassen Sie beide Unterschenkel gleichzeitig kurz ans Pferd fallen. Reagiert es nicht, so wiederholen Sie die Bewegung mehrmals kurz hintereinander und helfen eventuell mit Gerte oder Stimme nach. Stellen Sie sich dabei vor, wie das Pferd antrabt (oder schneller trabt, d.h. längere Tritte macht) und verschieben im Geiste die isometrische Spannung im Bauch nach vorn. Wenn Sie schon halbwegs im Gleichgewicht sitzen können, werden Sie sich wundern, wie gut diese »mentale Hilfe« auf das Pferd wirkt. Im Abschnitt »Hilfegebung mit Vorstellungskraft« werde ich noch etwas genauer auf diesen Punkt eingehen.

Asymmetrische Galoppbewegung

Im Galopp verläuft die Bewegung der inneren Hüfte des Reiters in einem Halbkreis von hinten-unten nach vorn-oben und in einem zweiten Halbkreis von oben wieder nach hinten-unten (eine Art Rückwärtsspirale). Dabei »führt« die innere Seite; deswegen ist es auch wichtig, dass der Reiter seine innere Seite (Hüfte, Gesäßknochen, Hände und Schulter) gut nach vorn schiebt.

Beispiel Linksgalopp: Linke Hüfte kommt nach vorn; linker Beckenkamm und Gesäßknochen werden praktisch hochgerollt, die Wirbelsäulenstellung verändert sich von leichtem Hohlkreuz zu gerader Stellung; die rechte Seite des Beckens folgt mit leichter Verzögerung nach, wie es auch der diagonale Sitz mit außen zurückgelegtem Schenkel vorgibt.

Der Galopp verlangt also eine andere Grundbewegung von Ihnen. Er besteht aus einer Aneinanderreihung von einzelnen Sprüngen. Je nach Versammlungsgrad beschreibt der Pferderücken einen flachen, weiten oder einen hohen, kurzen Bogen. Lassen Sie Hüfte und Becken eine nach vorn kreisende Bewegung ausführen, um diese Bewegung des Pferderückens nachzuempfinden. Es ergibt sich ein rollendes Bewegungsbild: Die Hüfte wird bei jedem Galoppsprung vorgeschoben und mit einer Kippbewegung im Becken verbunden wieder nach oben und hinten geführt (= Gesäßknochen nach vorn, Beckenkamm nach hinten). Der Oberkörper bleibt aufrecht. Bei jedem neuen Galoppsprung nähern sich Ihre Rippen den Hüftknochen; dazu spannen Sie Bauchmuskeln, Hüft-Lenden-Muskulatur und Gesäßmuskeln an und verkürzen damit praktisch Ihre Vorderseite. Rollen Sie also bei jedem neuen Galoppsprung das Becken nach vorn-oben in Richtung der unteren Rippenbögen und richten dann den Oberkörper wieder so auf, dass Ihre Vorderseite und Ihr Rücken gleich lang sind. Rollen Sie den nächsten Galoppsprung wieder mit Hüfte und Becken nach vorn auf. Ihre Beckenstellung verändert sich im Verlauf eines einzigen Galoppsprunges vier mal: von der Mittelstellung zu nach hinten gekipptem Beckenkamm, von dort wieder zur Mittelstellung, dann zum leicht nach vorn gekippten Beckenkamm (mit minimalem Hohlkreuz) wieder zur Mittelstellung.

Wichtig ist, dass die Bewegung von unten nach oben gerollt wird. Also nicht von oben aus dem Oberkörper zusammensacken – auch dann nähern sich zwar die Rippen der Hüfte, doch würde diese Bewegung den Pferderücken blockieren, also zum Anhalten oder Verlangsamen führen (siehe dort), statt den Galopp zu unterstützen.

Wichtig ist auch, dass Ihre Knie dabei tief bleiben

Im Galopp muss die innere Seite (Hüfte, Hand und Schulter) des Reiters vorn bleiben. Das Bild zeigt die Einbeinstütze hinten im versammelten Galopp. Der lose innere Zügel ist ein Anzeichen für die korrekte Selbsthaltung des Pferdes. Es stützt sich nicht auf dem Zügel ab. Je versammelter der Galopp, um so senkrechter bleibt der Oberkörper des Reiters in den verschiedenen Galopp-Phasen.

und dass Ihr innerer Unterschenkel nicht nach vorn rutscht. Denken Sie an »*nach unten knien*« und »*innere Hüfte und Hand vor*«.

Leichter Sitz im Galopp

Der leichte Sitz im Galopp unterscheidet sich nur durch den veränderten Bewegungsrhythmus von dem des Trabes. Sie balancieren sich wie im Trab über Knie, Fußgelenk, Hüftgelenk und stabilen Oberkörper aus. Für längere Strecken können Sie den Oberkörper durch ein minimales Hohlkreuz

stabilisieren, dann sind die Oberschenkel nicht so stark belastet und Sie bleiben trotzdem im stabilen Gleichgewicht. Die Galoppbewegung wird jedoch auch im leichten Sitz mit der sanft rollenden Bewegung des Beckens und der Hüfte von unten nach oben unterstützt. Abwechselndes Spannen und Entspannen der Lenden- und Bauchmuskeln steuern dabei die Bewegung des Oberkörpers aus. Die Beckenstellung verändert sich dabei genauso wie im ausgesessenen Galopp.

Leichter Sitz im Galopp; der Oberkörper muss gut genug über Oberschenkel und Knie sowie über das Öffnen und Schließen des Hüft- und Kniewinkels ausbalanciert werden, dass Hände und Unterschenkel für die Hilfengebung frei bleiben und nicht fürs Balance-Halten gebraucht werden.

Rechts und links – der diagonale Sitz

Wir unterscheiden Rechts- und Linksgalopp über die Fußfolge des Pferdes. Auf der rechten Hand (d.h rechtsherum in der Reitbahn) sollte das Pferd Rechtsgalopp gehen, auf der linken Hand (linksherum) Linksgalopp. Der Rechtsgalopp beginnt mit dem Vorgreifen des linken Hinterbeines; dann folgen rechtes Hinterbein und linkes Vorderbein und zum Schluss das rechte Vorderbein. Dieses rechte Vorderbein führt optisch, d.h., der Reiter sieht es weiter vorgreifen als das linke.

(Linksgalopp entsprechend rechts hinten, dann links hinten und rechts vorn, dann links vorn = führendes Bein.) Sitz und auch Hilfengebung unterscheiden sich deswegen auf der rechten und auf der linken Hand.

Sitz und Hilfen für den Rechtsgalopp

Der Reiter lässt den inneren (rechten) Schenkel in Normalposition liegen und legt den linken (äußeren) Schenkel etwa eine Handbreit weiter nach hinten. Dann schiebt er die innere (rechte) Hüfte

Nach vorne oben gesprungener, kraftvoller Galopp in guter Haltung mit freiem Hals und Nase vor der Senkrechten. Die Energie dieses Friesenwallachs ist nicht leicht zu kontrollieren; hier ist es gut gelungen.

nach vorn. Durch die asymmetrische Schenkellage kommt die innere Hüfte fast schon automatisch weiter vor. Damit empfindet er den im Grunde asymmetrischen Galoppsprung nach. (Denken Sie sich einen »Rösselsprung«, so wie Kinder ein galoppierendes Pferd nachahmen. Ein Bein führt, das andere wird nachgezogen – so ähnlich sitzen Sie zum Angaloppieren auf dem Pferd, nämlich leicht diagonal mit der inneren Hüfte etwas weiter vorn als mit der äußeren.) Mit einem leichten Heranfallen-Lassen des inneren Schenkels wird jetzt die Galopphilfe gegeben. Wichtiger als die Schenkelhilfe ist jedoch die saubere Ausrichtung des Reiters mit innerer Hüfte vorn.

Koppeln Sie nun noch die Bewegung Ihrer inneren Schulter an die der inneren Hüfte, dann verhindern Sie ein Zurückziehen am inneren Zügel – Sie gehen dann automatisch mit der inneren Hand vor, wenn das Pferd die zusätzliche Freiheit im Hals braucht, um sauber nach vorn durchspringen zu können, d.h. den klaren Dreitakt nicht zu verlieren.

Für den Linksgalopp sieht die Hilfendiagonale entgegengesetzt aus: rechter Schenkel hinten, linker in Normallage, linker Zügel gibt nach, rech-

Enge Wendung im Rechtsgalopp. Leichte Stellung im Genick nach rechts, Steuerung über die Blickrichtung und das Vorschieben der inneren Reiterhüfte. Der Oberkörper bleibt mittig über dem Pferd.
Der Hals des Pferdes ist nicht stärker in die Wendung gestellt als der restliche Körper gebogen ist.

Die Beine des Pferdes in verschiedenen Phasen des Galoppsprunges zur Verdeutlichung des oft instabilen Gleichgewichts.
oben links: Einbeinstütze rechts hinten im Linksgalopp.
oben rechts: Dreibeinstütze kurz vor der diagonalen Zweibeinstütze im Rechtsgalopp – die stabilste Phase.
unten links: Einbeinstütze links vorn im Linksgalopp.
unten rechts: Schwebephase, alle Füße sind in der Luft.

ter Zügel kontrolliert (siehe auch Abschnitt Zügeleinwirkung).
Der Oberkörper des Reiters bleibt beim Angaloppieren in der klassischen Reitweise völlig senkrecht. Manche Vertreter anderer Reitweisen hingegen gehen mit dem Oberkörper ganz leicht in Bewegungsrichtung vor. Dem liegt zugrunde, dass das Pferd der Gewichtsverlagerung des Reiters nach vorn – in den Galopp hinein – folgen soll.

In manchen Sparten des Reitsports kommt es eher auf schnelle Anpassung des Reiters an wechselnde Situationen und auf die uneingeschränkte Handlungsfähigkeit an als auf feine und unsichtbare Hilfen, wie hier beim Polospiel. Doch auch hierbei ist das Gleichgewicht des Reiters ausschlaggebend für die Kontrolle des Pferdes.

Diese Methode hat den Nachteil, dass das Pferd den Galopp mit sehr starkem Vorwärtsschub beginnt – es kann dabei leicht schnell werden, wenn es noch nicht gut ausbalanciert ist. Bleibt der Oberkörper gerade, so springt das Pferd mehr aufwärts im Galopp an, denn es passt seinen Schwerpunkt dem des Reiters an, der ja in der aufrechten Position etwas weiter hinten liegt als in der leicht nach vorn geneigten. Der erste Galoppsprung ist in diesem Fall von Anfang an etwas kürzer und versammelter.

Während eines Galoppsprungs verändert sich allerdings die Oberkörperstellung in den einzelnen Phasen des Galopps entsprechend der Beckenstellung. Von leicht nach vorn über senkrecht bis leicht nach hinten geneigt. Je versammelter der Galopp des Pferdes, desto weniger Auslenkung hat der Oberkörper.

Die Kommunikation mit dem Pferd

5

Logisch denken und überlegt handeln

5. Die Kommunikation mit dem Pferd – Logisch denken und überlegt handeln

Hilfensysteme und Hilfenkombinationen

Sind auch die anatomischen Voraussetzungen und der richtige, weil effektive Sitz des Reiters in allen Reitweisen gleich, so gibt es in der Hilfengebung verschiedene Systeme, die sich in Teilbereichen etwas unterscheiden können. Jedes brauchbare System muss eindeutig sein, sodass das Pferd nicht raten muss, was sein Reiter nun schon wieder will. Das heißt, jede Kategorie von Übungen und jede Gangart bekommen eigene Hilfenkombinationen, da das Pferd andernfalls nicht zweifelsfrei unterscheiden kann, was gerade gefragt ist. Diese Kombinationen brauchen sich allerdings nur geringfügig zu unterscheiden, denn gut ausgebildete Pferde reagieren schon auf leichte Veränderungen sehr sensibel.

Natürliche und angelernte Hilfen

Die Hilfen können wir zudem in verschiedene Kategorien einteilen. Wir unterscheiden z.B. zwischen natürlichen und angelernten Hilfen.

Natürliche Hilfen

Die natürlichen Hilfen »versteht« Ihr Pferd, ohne dass Sie sie ihm explizit beibringen müssen. Alle einfachen (unkombinierten) Gewichtshilfen gehören dazu, weil das Pferd darauf instinktiv reagiert, um seine eigene Balance zu wahren. Der seitwärts wirkende Zügel (der innere, stellende, direkte Zügel) gehört bedingt dazu, denn ihm folgt das Pferd normalerweise in eine Wendung, um einem Druck im Maul zu entgehen. Auch auf

> ## Kommunikationsmittel
>
> *Sie haben als Reiter viele Möglichkeiten, auf das Pferd einzuwirken bzw. ihm Signale zu geben:*
>
> - *1. über Sitz und Ausrichtung d.h. über die Stellung von Gesäßknochen und Becken,*
> - *2. über Ihre Vorstellungskraft,*
> - *3. über Schenkel- und Gertensignale an verschiedenen Punkten,*
> - *4. über Ihre Stimme,*
> - *5. über die Zügel.*
>
> *Die effektivsten Hilfen erfolgen »aus dem Kopf« heraus – durch eine gute Vorstellung der gemeinsamen Bewegung im Raum und über die Veränderung der Beckenstellung. Alle anderen sind nachrangig.*

einfache kombinierte Signale – wie z.B. ein seitliches Abwenden mit innerem, direktem Zügel plus Ausrichtung nach innen – reagiert das Pferd im Schritt oder im langsamen Trab noch in natürlicher Form durch Abwenden und Stellen des Kopfes in die Wendung. Bei den in schnellerer Gangart wirkenden Zentrifugalkräften in Wendungen kommt der Reiter jedoch ohne die komplizierteren und besser kontrollierenden Hilfenkombinationen aus natürlichen plus angelernten Hilfen meist nicht aus.

Zügelhilfen sind nicht die vorherrschenden Hilfen zur Kontrolle des Pferdes; dieses Quarter Horse hat in der Ausbildung gelernt, sensibel auf die Signale des Reiters zu reagieren. Es würde sich andernfalls nicht mit dem »milden« Sidepull kontrollieren lassen. Das Bild zeigt die instabile Schwebephase des Galopps; das Pferd hat alle vier Füße in der Luft.

Auch der Tonfall bei einer verbalen Hilfe gehört zu den natürlichen Signalen. Die Lautfolge, das eigentliche Wort, bei einer Stimmhilfe ist zwar eine angelernte Hilfe, der Tonfall aber verrät dem Pferd sehr viel über die Emotionen des Sprechenden. Ärger, Angst, aber auch Ruhe und Sicherheit drücken sich in der Stimme aus, und das Pferd reagiert darauf.

Alle körpersprachlichen Signale (Gestik, Mimik, Haltung), die Sie in der Bodenarbeit verwenden, gehören zu den natürlichen Hilfen. Nur in Verbindung mit diesen »natürlichen Signalen« gelingt es Ihnen in der Bodenarbeit, dem Pferd die Bedeutung verschiedener Worte (Kommandos) zu vermitteln.

Die Reaktion auf angelernte Hilfen müssen Sie dem Pferd beibringen. Aus diesem Grund können bei den erlernten Signalen auch geringe Unterschiede zwischen verschiedenen Ausbildungsmethoden entstehen.

Angelernte Hilfen

Angelernte Hilfen sind vor allem der Schenkeldruck, den das junge Pferd noch nicht kennt. Ich bevorzuge inzwischen allerdings den Begriff »Schenkelhilfe«, denn ein wirkliches »Drücken« mit dem Schenkel sollte tatsächlich vermieden werden, weil es das Reiterbecken blockiert. Bei der Schenkelhilfe etablieren Sie verschiedene »Reaktionspunkte« am Bauch des Pferdes, sodass das Pferd mit der Zeit aufgrund der Lage des Schenkels (und natürlich im Kontext mit anderen Hilfen) zwischen seitwärts treibendem, vorwärts treibendem und verwahrendem Schenkel sowie auch zwischen innerem und äußerem Schenkel unterscheiden lernt. Wenn der Sitz des Reiters, speziell die Beckenstellung, richtig ist, braucht man allerdings die Schenkelhilfen nur noch sehr sparsam einzusetzen (insbesondere dann, wenn man dem Pferd eine neue Lektion beibringen oder es korrigieren will).

Angelernte Hilfen sind zudem alle verbalen Hilfen mit Wortkommandos wie »Ho«, »langsam«, »Trab« o.Ä. Die falsche Stimmlage kann jedoch manchmal ein Wortkommando ad absurdum führen, wenn Sie z.B. hektisch das Kommando »langsam« schreien, statt es mit tiefer, beruhigender Stimme zu geben.

Die Reaktion auf den kontrollierenden äußeren Zügel bzw. den an den Hals angelegten »Druckzügel« der Westernreiter ist eine angelernte Hilfe, die sich aus einer frühen Kombination mit dem seitwärts wirkenden inneren Zügel und der Gewichtsverlagerung/Beckenstellung ergibt.

Zudem sind fast alle »Hilfenkombinationen« antrainiert.

In den Hilfenkombinationen, die für fortgeschrittene Übungen verwendet werden, gibt es mehrere zulässige Varianten (auch wenn manche der Varianten leichter, andere schwerer umzusetzen sind). Das ist Abstimmungssache zwischen einem fortgeschrittenen Reiter und einem fortgeschrittenen Pferd. Für weit und fein ausgebildete Pferde braucht deswegen manchmal ein neuer Reiter erst mal eine Art »Feinbedienungsanleitung«.

Wofür braucht man Hilfenkombinationen?

Mit den einfachen, natürlichen Hilfen können Sie das Pferd grob steuern und kontrollieren. Für eine vermehrte Gymnastizierung, die nötig ist, um das Pferd vor körperlichen Schäden zu bewahren, reichen die einfachen, groben Hilfen jedoch nicht mehr aus. Damit die Tragkraft der Hinterbeine gleichmäßig entwickelt werden kann (und damit das Pferd gerade gerichtet wird), müssen Sie das Pferd in seiner Längsachse biegen können. Und um es zu biegen, brauchen Sie Ihr komplettes mögliches Hilfenrepertoire aus Gewichts-, Zügel- und Schenkelhilfen, also angelernte und natürliche Hilfen. Biegung und kombinierte Hilfen sind die Grundlage für jede Art von Ausbildung des Pferdes.

Innen und außen

Ist das Pferd gebogen (z. B. beim Reiten auf dem Zirkel oder auch kurzfristig in jeder Ecke der Reitbahn) gibt es immer eine äußere und eine innere Seite für die Hilfengebung. Innen ist immer die hohle Seite des Pferdes; Kopf und Hals des Pferdes sind nach innen gestellt. Außen ist immer die gedehnte Seite des Pferdes. In den allermeisten Fällen gilt, dass das Pferd in den Lektionen, in denen es gebogen wird, in Bewegungsrichtung gestellt und gebogen ist und der Reiter seinen Schwerpunkt in Bewegungsrich-

Flotter Galopp auf dem Zirkel. Das Pferd ist auf die Zirkellinie eingestellt, die Reiterin schaut in Bewegungsrichtung. Der äußere Zügel kontrolliert die Abstellung. Deutlich kann man zudem die Schräglage des Pferdes sehen, die der Zentrifugalkraft entgegenwirkt.

tung verlagert. Schenkel- und Zügelhilfen unterstützen dabei den Sitz des Reiters. Diese Richtlinie stimmt mit der einfachen Gleichgewichtstheorie überein, nach der das Pferd immer unter Ihr Gewicht läuft, d.h. seinen Schwerpunkt unter

den des Reiters bringen will. Und sie stimmt auch mit den meisten gängigen Übungen und Bahnfiguren überein, bei der die Bande, die Reitbahnbegrenzung, außen ist und die Mitte der Bahn innen.

Bei einigen gymnastizierenden Vorübungen und vor allem bei Korrekturen wird jedoch manchmal diese Richtlinie durchbrochen: Es kann vorkommen, dass das Pferd gegen seine Bewegungsrichtung und die Gewichtsverlagerung bzw. Ausrichtung des Reiters gestellt und gebogen werden muss und dass innen und außen der Reitbahn nicht mit innen und außen des Pferdes übereinstimmen.

Das klingt nun kompliziert, ist es aber gar nicht, wenn man sich merkt: Innen und außen beziehen sich immer nur auf die Biegung und Stellung des Pferdes und nicht auf Orientierungspunkte in der Umgebung. Und Innenstellung des Pferdes ist nicht zwingend mit der Gewichtsverlagerung des Reiters nach innen gekoppelt (diese Besonderheiten werden jedoch in diesem Band noch nicht näher ausgeführt).

Was jedoch wichtig ist: Schenkel- und Zügelhilfen unterscheiden sich nach ihrem Einsatz innen oder außen. Der äußere Schenkel liegt oft etwas weiter hinten als der innere. Prinzipiell kann man sagen, der innere Schenkel kontrolliert eher die Vorhand und der äußere eher die Hinterhand. Beide Schenkel können treibend und verwahrend wirken (siehe nächster Abschnitt), meistens ist jedoch der äußere der verwahrende Schenkel.

Der innere Zügel stellt den Kopf des Pferdes in die Biegung hinein. Er wirkt prinzipiell seitwärts und direkt. Der äußere Zügel ist ein kontrollierender (auch verwahrender) Zügel. Er kontrolliert das Tempo und die Stärke der Innenstellung des Pferdes. Die direkte stellende Wirkung des inne-

73

ren Zügels kann beim fortgeschrittenen Pferd durch die Beckenstellung, Gewichts- und Schenkelhilfen sowie durch den kontrollierenden äußeren (indirekten) Zügel ersetzt werden. (Beim sensibel gerittenen und gut gymnastizierten Pferd reichen diese aus, um Biegung und Stellung sicherzustellen.)

Unsichtbare Hilfen – Minimierung der Hilfen

So wie der innere Zügel im Verlauf jeder guten Ausbildung immer unwichtiger wird, können mit der Zeit auch alle anderen Hilfen immer schwächer gegeben werden. Viele Hilfen, die beim steifen Pferd oder unkoordinierten Reiter noch grob und überdeutlich sind und oft wiederholt werden müssen, können mit der Zeit auf eine Art »Kürzel« mit Signalcharakter verringert werden. Doch diese Hilfenkürzel sind immer das Ziel der Ausbildung und nicht ihr Anfang. Ein junges Pferd kann nicht einhändig geritten werden, sondern muss erst mal das ganze Hilfenrepertoire lernen, bevor die Hilfen hinsichtlich Intensität und Dauer reduziert werden. Der Reitanfänger muss seinerseits erst lernen, Schenkel, Beckenstellung, Gesäßknochenbelastung (= Gewicht) und Zügel dosiert, an den richtigen Stellen und zur richtigen Zeit einzusetzen, bevor er alle Hilfen auf einem sensibel reagierenden Pferd reduzieren kann.

»Hilfengebung mit Vorstellungskraft«

Wie schon bei der »Orientierung im Raum« im Abschnitt Bodenarbeit angesprochen, sollte der Reiter immer wissen, wo er sich im Raum befindet und ein Vorstellungsbild im Kopf haben, wo er hin will. Dieses Konzept der »geistigen Orientierung« kann man auf das Reiten übertragen. Zum einen natürlich direkt auf die Orientierung

in der Reitbahn, indem der Reiter hinschaut, wohin er reiten will und nicht dem Pferd auf den Hals. Zum anderen führt dieses Konzept noch deutlich weiter: Hat der Reiter eine Idee davon, wie sich das Pferd bewegen soll, ob es schneller oder langsamer laufen soll, ob es galoppieren oder traben soll, so kann er ein Vorstellungsbild davon in seinem Kopf entstehen lassen; dieses überträgt sich auf seine eigene Muskulatur und Haltung und beeinflusst von dort aus – über die Haltung – direkt das Pferd.

Das funktioniert allerdings bei einem blutigen Anfänger noch nicht, denn der weiß noch nicht, wie sich bestimmte Dinge anfühlen und wie sie aussehen sollen und kann seine Vorstellungskraft dementsprechend noch nicht aktivieren. Mit einiger Grunderfahrung wird es jedoch möglich. Viele gute Reiter setzen diese Vorstellungsbilder erfolgreich ein und können damit so manches Pferd zu Leistungen animieren, die diesem speziellen Pferd keiner zugetraut hat.

Dosierter Einsatz: treibend und verwahrend – aktiv und passiv

Hilfen können aktiv und passiv eingesetzt werden. Aktive Hilfen sollen eine Reaktion des Pferdes bewirken, passive eine solche verhindern.

Um eine Übung einzuleiten (oder auch dem Pferd beizubringen,) brauchen Sie normalerweise immer beide Arten von Hilfen, wobei die aktiven überwiegen. Um eine Übung fortzuführen, die das Pferd schon kann, setzt der Reiter mit den Hilfen so lange aus wie das Pferd in der geforderten Lektion, Gangart, Stellung und Biegung bleibt und hält nur passiv seine Körperspannung. Viele Reiter und Ausbilder unterscheiden immer noch zwischen Reitweisen mit Signalcharakter, wie z.B. das Westernreiten, bei dem diese Art der Hilfengebung schon immer praktiziert wird, und

Der Reiter muss das richtige Bild im Kopf und ein passendes »Gefühl« hinterlegt haben, um die richtige Haltung des Pferdes zu erreichen. Zudem muss er sich in erster Linie um sich selbst und seine Stabilität im Sitz kümmern, bevor er am Pferd arbeitet. Hier zwei Beispiele mit gebissloser Zäumung.

und der hierzulande am meisten verbreiteten »englischen« Reitweise, bei der der Reiter ständig einwirken soll, um das Pferd »an den Hilfen« zu halten. Ich halte diese Unterscheidung für unsinnig, denn auch das gut ausgebildete (Dressur-) Pferd mit einem im Gleichgewicht sitzenden Reiter braucht keine ständige Einwirkung, um aufmerksam (an den Hilfen) zu bleiben. Im Gegenteil: Es bleibt umso aufmerksamer, je weniger der Reiter es mit Signalen belästigt, die keine Veränderung des Status quo bezwecken. Der Reiter braucht allerdings volle Konzentration, um bei Bedarf sofort eingreifen zu können.

Bei den Zügelhilfen ist nur der seitwärts wirkende, stellende (direkte), innere Zügel aktiv, der äußere Zügel wirkt immer nur passiv (= kontrollierend). Er hält die Verbindung zum Pferdemaul, während der innere diese durchaus einmal aufgeben kann. Der äußere Zügel darf auch bei Bedarf – möglichst kurz – mit etwas Zug gegenhalten.

Dazu folgt gleich der wichtigste Merksatz für die Hilfengebung überhaupt: Ein Zügel darf nie rückwärts wirken. Gegenhalten, den stellenden inneren Zügel weit seitwärts heraus führen oder auch die Hand nach vorne oben bewegen ist o.k. Aktiv

Zurückziehen – mit welcher Hand auch immer – ist streng verboten. Eine nach hinten ziehende Zügelhand (es ist fast immer die innere) bringt nicht nur das Pferd aus dem Gleichgewicht, sondern auch den Reiter, der sich dabei im Becken und in der Mittelpositur verdreht, sodass sich seine Gewichtshilfen ins Gegenteil verkehren, weil er den falschen Gesäßknochen belastet. Die zurückziehende innere Hand des Reiters bringt das Pferd dazu, den Hals aus der Schulter abzuknicken (Bruch in der gleichmäßigen Längsbiegung) und in der Wendung (z.B. an der offenen Zirkelseite) nach außen über die Schulter wegzudrängeln.

Auch Schenkelhilfen können aktiv und passiv wirken. Sowohl der innere als auch der äußere Schenkel kann eine Reaktion des Pferdes aktiv fordern oder vorläufig passiv auf seinen Einsatz warten, um bei Bedarf aktiv zu werden und eine unerwünschte Reaktion des Pferdes zu verhindern. Der aktive Schenkel treibt in der »Intervalltechnik« (siehe dort), der passive Schenkel liegt ruhig und ohne Druck, aber mit »Fühlung« am Pferd. In der Regel sorgt in jeder Biegung der innere Schenkel aktiv (aber nicht dauernd) dafür, dass die Schulter des Pferdes nicht nach innen kippt, während der äußere passiv bleibt und nur bei Bedarf aktiv verhindert, dass die Hinterhand nach außen fällt und sich das Pferd damit der gleichmäßigen Längsbiegung entzieht.

Beherrscht der Reiter seinen Körper und kann Becken- und Gesäßknochenstellung wirklich gut kontrollieren, so kann er alle Wendungen und Seitengänge nur noch durch kontrolliertes Verschieben der Gesäßknochen aus dem Becken heraus reiten. Bis das so weit ist, müssen die Schenkelhilfen noch aktiver unterstützen.

Der passive Schenkel in »Hab-Acht-Stellung« ergibt sich aus einer Minimierung aller anderen Hilfen und der vermehrten Gymnastizierung des Pferdes. Sie brauchen den Schenkel schließlich nur noch zur Einleitung einer Übung oder zur Korrektur, nicht mehr für deren Fortführung.

Ihre Stimme können Sie beruhigend (d.h. verhaltend) und aufmunternd (aktiv) einsetzen. Abgesehen von den verbalen Kommandos können Sie dem Pferd die Reaktion auf Zungenschnalzen, Summen oder sonst eine stimmliche Äußerung (am besten schon in der Bodenarbeit) beibringen. Normalerweise gilt: Alle tiefen, dunklen, lang gezogenen Lautfolgen wirken beruhigend, alle harten, scharfen, hellen, kurzen Folgen dagegen aufmunternd oder auch strafend.

Das Kreuz mit dem Kreuz
Gewichtshilfen/Sitzhilfen

Ihr Gewicht können Sie – über die Stellung des Beckens – verhaltend und lenkend einsetzen. In vielen älteren Reitlehren geistert immer noch der Begriff »Mit dem Kreuz treiben« herum. Das ist anatomischer Unsinn. Eine treibende Kreuz- bzw. Gewichtshilfe an sich gibt es nicht. Sie können Ihr *Kreuz anspannen* (in alten Reitlehren heißt es »anstellen«, was meines Erachtens den Sachverhalt besser darstellt): Das ist das Gleiche wie das Kippen des Beckenkamms nach hinten durch das leichte Anspannen der Bauchmuskeln – und das ist eine *verhaltende Hilfe*. Dabei stellen Sie Ihr Kreuzbein in die gerade Stellung; daher der Name.

Sie können mit Ihrem Sitz die *Bewegung des Pferderückens* entweder frei »*durchlassen*« (mit beweglichem Becken, was man notfalls als treibende Version gelten lassen kann) oder *den Rücken blockieren* (die verhaltende Gewichts-

hilfe mit dem nach hinten gekippten Beckenkamm). Der so genannte »vorwärts schiebende Sitz« ist jedoch ein Begriff, der als falsch und überholt in die Mottenkiste gehört: Wie schon erwähnt, kann niemals der Reiter das Pferd bewegen (oder anschieben), sondern das Pferd muss den Reiter (mit-)bewegen. Versucht der Reiter es anzuschieben, so blockiert er eher dessen Rücken (und damit die Vorwärtstendenz), statt ihn freizugeben und die Bewegung ungehindert durchzulassen.

Bei den Gewichts-Hilfen wird es nun im folgenden Abschnitt ein wenig *komplizierter*. Noch einmal zur Erinnerung die einfache Gleichgewichtstheorie, nun ergänzt um die passende Beckenstellung:
Gewicht nach hinten = Beckenkamm nach hinten kippen = mehr Druck im Sattel = Das Pferd wird langsamer oder hält an
Gewicht nach vorn = Beckenkamm leicht nach vorn kippen = weniger Druck im Sattel = Das Pferd tritt an oder wird schneller
Gewicht zur Seite = eine Hüfte/einen Gesäßknochen vorschieben bzw. minimal mehr belasten = vermehrter Druck auf einer Seite des Sattels = Sie lenken das Pferd zur Seite oder biegen es.
»Gewicht nach hinten, vorn oder zur Seite« besagt nie, dass der Reiter-Oberkörper einfach nach vorn, hinten oder zur Seiten »gehängt« wird; das wäre zu einfach! Und vor allem funktioniert es nicht mehr, wenn Sie sich im flotteren Tempo befinden oder in engeren Wendungen (selbst auf dem Zirkel gibt es da schon Grenzen). Richtige Gewichtshilfen funktionieren nur mit der jeweils passenden Beckenstellung und auf einem Pferd, welches rund geritten wird und »an den Hilfen steht«, so dass es keine Ausweichmanöver vornehmen kann, um sich der etwas anstrengenden, gymnastizierenden Biege-Arbeit zu entziehen. Und sie funktionieren zu Beginn einer neuen Übung nur in Kombination mit den »ergänzenden« Schenkel- oder Zügelhilfen.
Pferde gehen normalerweise gerne vorwärts, wenn man es ihnen nicht durch Störungen ihres

Die wichtigsten Hilfen

Zum Verzögern kippt der Beckenkamm des Reiters nach hinten: die Gesäßknochen zeigen nach vorn, der Oberkörper fällt leicht im Bauch zusammen. Der Oberkörper wird dabei nicht nach hinten gelehnt. Die Rückenbewegung des Pferdes wird mehr oder weniger stark blockiert.
Zum Abwenden wird die innere Hüfte samt dem inneren Gesäßknochen nach vorne geschoben, äußere Hüfte und Gesäßknochen kommen etwas nach hinten.
Zur Verstärkung des Tempos gibt der Reiter eine treibende Hilfe (impulsartig) mit Schenkel, Stimme oder Gerte, bleibt senkrecht und möglichst still sitzen, um die Bewegungen des Pferderückens nicht zu behindern – mehr nicht. Kann er das nicht (z.B. im Trab bei einem schwungvollen Pferd), so trabt er leicht, um nicht zu stören. Er muss das Pferd jedoch im stärkeren Tempo mit Körperspannung und leicht verhaltenden Zügelhilfen »zusammenhalten« und darf es nicht »auseinanderfallen« lassen (das tut es, wenn es den Hals hoch- und den Rücken nach unten wegdrückt, der Spannungsbogen ist dann durchbrochen). Andernfalls hat er keine Kontrolle mehr über die Bewegung.

Die Bremse ist hinten: Zwei verschiedene Pferde in der Parade zum Halten aus dem Trab. Das Pferd soll die Kruppe senken, die Hinterbeine winkeln und die Schulter oben lassen. Ob die Nasenlinie ein wenig mehr oder weniger vor der Senkrechten ist, ist nicht so wichtig. Wichtig ist jedoch, dass sich das Pferd nicht auf der Reiterhand abstützt. Die Parade muss gut vorbereitet werden, so dass der Reiter nach einem kurzen Kippen des Beckens und Annehmen des Zügels sofort wieder Becken und Zügel loslassen kann, damit das Pferd keine Stütze im Zügel findet.

Gleichgewichts und ihrer Rückenbewegung verleidet. Deswegen sollte eine Verstärkung des Tempos problemlos gelingen, wenn der Reiter nicht stört.

Hilfen kombinieren und natürliche Hilfen durch angelernte ersetzen

Hat das Pferd die Bedeutung des treibenden Schenkels und der »treibenden« Stimmhilfen begriffen, können Sie nun also auch ohne den nach vorn genommenen Oberkörper durch ein kurzes »Antippen« mit dem Schenkel vermehrt vorwärtsreiten oder das Pferd aus dem Halten antreten lassen. Je besser das Pferd ausgebildet

ist, je besser Sie selbst koordiniert sind und je schwerer die Lektionen werden, die Sie reiten, umso wichtiger wird es, dass Sie alles mit dem völlig senkrecht gehaltenen Oberkörper tun können, weil dies Ihnen und dem Pferd sowohl die größte Bewegungsfreiheit als auch die größte Stabilität gibt.

Sie können beim in der Ausbildung fortgeschrittenen Pferd mit mentaler Verschiebung der Energie arbeiten. Stellen Sie sich Ihre Energiekugel in der Bauchmitte vor und lenken sie im Geiste nach vorne oder hinten. Oder auch vorwärts-seitwärts für die Seitengänge. Von außen sieht man das nur an der Reaktion des Pferdes.

Das Vorneigen des Oberkörpers (= Schließen des Hüftwinkels) trägt der einfachen Gleichgewichtstheorie Rechnung und funktioniert draußen gut; in der dressurmäßigen Arbeit sollte der Oberkörper senkrecht bleiben und die Verstärkung des Tempos über Stimme, Schenkel- und/oder Gertensignale erfolgen.

Sie reiten praktisch mit Gedankenkraft. Sie denken nur daran, dass das Pferd hinten Last aufnehmen und die Hanken beugen soll. So können Sie die Hinterhand aktivieren und winkeln. Wollen Sie dann eine Verstärkung des Tempos, reicht ein leichtes Antippen mit dem Schenkel und eine Verschiebung der Energiekugel nach vorne oben, um das Pferd kraftvoll antreten zu lassen. Ihren Oberkörper brauchen Sie dabei nicht aus der Senkrechten herauszubewegen.

Das »einfache« Anreiten bzw. Beschleunigen des Pferdes mit dem nach vorn verlegten Reitergewicht birgt die Gefahr, dass das Pferd unkoor-diniert antritt und zu viel Vorwärtsschub entwickelt, dass es also zwar willig auf Ihr Signal reagiert, Sie es hinterher aber nicht mehr bremsen können, weil sein Schwerpunkt zu weit vorn ist. Es rennt im schlimmsten Fall seinem Schwerpunkt und damit im wahrsten Sinne des Wortes seinem Gleichgewicht hinterher. Vor allem beim Angaloppieren macht sich dieses Problem bemerkbar (siehe auch Sitz im Galopp). Deswegen ist es sinnvoller, im Zuge der fortschreitenden Ausbildung von der Hilfe des nach vorn verlagerten Reitergewichtes abzukommen und mit senkrechtem Oberkörper anzureiten bzw. Tempo und Gangart zu verstärken. Dazu brau-

Losgelassen in guter Haltung im Leichttraben.

chen Sie zusätzlich die richtige Kombination aus Zügel- und Schenkelhilfen.

Zu Korrekturzwecken bei stumpf gerittenen Pferden kann es jedoch manchmal sinnvoll sein, zu dieser einfachen Variante zurückzukehren.

Zusammenstellen des Pferdes

Als angelernte zusätzliche Hilfe haben Sie und das Pferd den vortreibenden Schenkel kennen gelernt, der die Hinterbeine nun vorwärts-, d.h. unter den Schwerpunkt treiben kann. Treiben Sie also das Pferd von hinten, halten Sie mit dem verwahrenden Zügel vorn gegen (nicht zurückziehen) und schieben Sie das Pferd so von hinten nach vorn zusammen. Gehen Sie jetzt leicht mit

der Hand (nicht mit dem Oberkörper) vor, so tritt das zusammengeschobene Pferd von hinten nach vorn an. Eine angelernte Hilfe (der Schenkelimpuls) hat dabei am Ende die natürliche (Gewichts-)Hilfe ersetzt.

In jeder Gangart können Sie nun das Pferd auf diese Weise zusammenschieben: hinten treiben, das Pferd mit dem verhaltenden Zügel **kurz** »spannen« und dann die Energie dosiert nach vorne loslassen. Dieses Verfahren erklärt auch das Wort »Spannungsbogen«, welches im Anatomieteil eingeführt wurde. Und die ganze Prozedur führt letztendlich (nach einigen Jahren Ausbildung) zur Versammlung.

Traversale nach rechts mit einhändiger Zügelführung. Blickrichtung und Vorschieben der Hüfte in Bewegungsrichtung reichen, um das Pferd in die Traversale zu führen. Der Oberkörper bleibt mittig über dem Pferd, die Beine hängen entspannt.

Es gibt jedoch noch eine kleine Voraussetzung, die erfüllt sein muss, damit Sie Ihr Pferd von hinten nach vorn zusammenschieben können: Das Pferd darf sich nämlich nicht gegen die verhaltende Zügelhilfe wehren. Es muss gelernt haben, den Zügel »anzunehmen« und auf eine verhaltende Zügeleinwirkung im Genick nachzugeben, sodass ein intakter Spannungsbogen erhalten bleibt. Kommt die Nase des Pferdes zu stark hinter die Senkrechte (hinter den Zügel) oder über die Senkrechte (über den Zügel), so zerbricht der Spannungsbogen, und das Antreten von hinten nach vorne über den Rücken funktioniert nicht mehr. Der Rücken als federnde Verbindung zwischen hinten und vorne ist in diesem Fall blockiert.

Druck und Gegendruck – Hilfen in der Intervalltechnik

Um das Pferd dazu zu bringen, den begrenzenden Zügel anzunehmen, dürfen Sie ihm keine Möglichkeit geben, eine Stütze im Zügel zu finden und einen Gegendruck auf Ihre Zügeleinwirkung aufzubauen (sich auf den Zügel zu legen). Aus diesem Grund dürfen Sie nie dauerhaft am Zügel ziehen. Einen Ziehkampf mit dem Pferd können Sie kräftemäßig nur verlieren. Jede Zügelhilfe wird in der Intervalltechnik gegeben: annehmen-nachgeben-annehmen-nachgeben. Wenn eine Zügelhilfe vom Pferd nicht angenommen (beachtet) wird, das Pferd z.B. gegen die

Hand anrennt, hilft im Allgemeinen nur die »Stotterbremse«. Nehmen Sie immer wieder den Druck weg, so dass das Pferd keine Stütze in Ihrer Hand finden kann und sich wieder selbst ausbalancieren muss. Sie werden sehen: In den meisten Fällen hilft Loslassen deutlich mehr als Festhalten und Ziehen.

Auch das Reiten auf gebogenen Linien (z.B. auf dem Zirkel) hilft bei einem Pferd, welches sich auf den Zügel legt. Führen Sie den inneren Zügel zur Seite, indem Sie die Hand seitwärts nach innen bewegen und dann wieder loslassen; dem seitwärts wirkenden Zügel kann sich das Pferd schlechter entziehen, denn damit wird es leicht gebogen (Ihre Beckenstellung und bei Bedarf Ihre Unterschenkel müssen natürlich diese Biegung unterstützen); die Muskeln seiner äußeren Seite werden dabei gedehnt. Und in der einseitigen Dehnung kann es den Hals nicht hochdrücken und gegen den Zügel gehen, weil es ihm anatomisch nicht möglich ist, die Muskeln im Hals gleichzeitig seitlich zu dehnen und dabei nach oben zusammenzuziehen.

Die Reaktion auf den äußeren, kontrollierenden Zügel ergibt sich erst aus der Reaktion auf den seitwärts wirkenden inneren Zügel. Er begrenzt die seitliche Abstellung des Pferdes im Hals, die der stellende innere Zügel verursacht, und kontrolliert so zusammen mit Gewicht und Schenkelhilfen die Stärke einer Biegung und die Bewegungsrichtung des Pferdes. Nur durch diese angelernte Kontrollfunktion in der Biegung wird der äußere Zügel überhaupt zum Kontrollzügel. Stimm- und Gewichtshilfen unterstützen die Zügelhilfen. Später kommt noch der treibende Schenkel hinzu.

Fordern Sie mit einfachen Zügelsignalen nie etwas, was das Pferd noch nicht kann. Einem Pferd mit wenig entwickelter Hinterhandtrag-

So nicht! Mit Rücklage und Abstützen nach vorne im Bügel »bremst« man kein Pferd.

kraft ein Anhalten aus dem Galopp abzuverlangen ist schlichter Unsinn und fordert Widersetzlichkeit gegen den begrenzenden Zügel geradezu heraus. Der gleiche Unsinn ist es auch, einem noch nicht koordinierten Reiter eine solche Lektion abzuverlangen: Selbst, wenn das Pferd sie prinzipiell beherrscht, kann der Reiter seine Hilfen noch so nicht fein abgestimmt geben, dass die Lektion wirklich gelingt. Damit ruiniert man sich ein gutes Pferd und tut dem Reiter keinen Gefallen.

Die Intervalltechnik gilt für alle Hilfen

Eine Schenkelhilfe darf nie einfach nur verstärkt werden. Es gilt wie bei den Zügelhilfen »Steter Tropfen höhlt den Stein«. Ein Reiz, der oft wiederholt wird, setzt die Reizschwelle herab, während

Loslassen statt festhalten: Immer, wenn sich das Pferd auf der Reiterhand abstützen will, sollte der Reiter nachgeben. Damit bringt man das Pferd dazu, sich selbst zu tragen.

eine einfache lang anhaltende Druckverstärkung die Reizschwelle heraufsetzt. Bei hoher Reizschwelle können Sie gar nicht so fest mit dem Schenkel drücken, dass es das Pferd stören würde. Es wird sich gegen den Schenkel wehren, indem es Gegendruck aufbaut – und Sie hebeln sich aus dem Sitz heraus, wie schon erwähnt. Arbeiten Sie also immer mit so kurzen Signalen wie möglich. Ein »Klaps«, ein leichtes Anklopfen mit dem Schenkel, das lockere Heranfallen-Lassen aus dem Knie sind die richtigen Schenkelhilfen. Und sorgen Sie dafür, dass das Pferd die leichte Hilfe nicht mehrfach ignoriert; notfalls mit einem deutlichen Gertensignal.

Gegen Gewichtshilfen wehrt sich das Pferd vor allem dann, wenn Sie den Oberkörper auf eine Seite hängen oder nach hinten werfen. Die richtige Gewichtshilfe wird aus dem senkrechten Oberkörper heraus gegeben und spielt sich richtigerweise zwischen Becken und Gesäßknochen ab.
Jede (bewusste) Abweichung der Gesäßknochen und des Beckens aus der neutralen Mittelstellung müssen Sie zurücknehmen, wenn die Übung, für die Sie sie gebraucht haben, beendet ist. Achten Sie darauf, immer völlig gerade zu sitzen und beide Gesäßknochen gleichmäßig zu belasten, wenn Sie keine Veränderung des Staus

Hier sieht man, wie das Pferd sich bei einem freien Anhalten ausbalanciert. Das gleiche Prinzip gilt auch unter dem Reiter: Mit der gewinkelten Hinterhand Last aufnehmen und Hals und Schulter oben lassen.

quo vom Pferd wollen und geradeaus reiten. Ältere, schlecht gerittene Pferde haben oft »gelernt«, sich mit einem dauerhaft schief sitzenden Reiter zu arrangieren, und reagieren aus diesem Grund nicht auf Gewichtsverlagerung, was ihre »Lenkbarkeit« deutlich erschwert.

Kontrolle durch sinnvolle Hilfenkombinationen

Paraden

Jede Parade, von der einfachsten bis zur schwierigsten, ist immer eine Kombination aus zunächst treibenden Hilfen (= Schenkelsignal) und dann erst verhaltenden (= Zügelhilfen + Becken kippen). Mit dieser Reihenfolge verhindern Sie, dass das Pferd seine Vorwärtsenergie aus der

Bewegung auf den Vorderbeinen und in der Hand des Reiters abbremst, statt die tragfähigeren Hinterbeine dazu zu benutzen. Für eine Parade kippen Sie Ihren Beckenkamm nach hinten und blockieren damit die Bewegungen des Pferderückens. Werfen Sie nicht den Oberkörper nach hinten. Damit bringen Sie das Pferd dazu, auf der Vorhand zu bremsen und Schultern und Vorderbeine zu überlasten. Fallen Sie dagegen bei senkrechtem Oberkörper etwas in sich zusammen (der Bauchnabel wird etwas nach hinten genommen, die Bauchmuskeln werden angespannt). Je nachdem, wie stark Sie dabei im Becken abkippen, verlangsamt das Pferd (halbe Parade) oder hält an (ganze Parade). Der »Sliding Stopp« der Westernreitweise zeigt dieses Blockieren der Vorwärtsbewegung in der reinsten Ausprägung.

Jede Parade muss gut vorbereitet werden: Paraden kommen nur durch, wenn das Pferd vorher losgelassen ist und den Rücken nicht festhält. Es soll frei und leicht vorwärts gehen, ohne eine Stütze in der Reiterhand zu suchen. Das Becken des Reiters muss senkrecht stehen und die Energie durchlassen. Mit halben Paraden kann der Reiter das Pferd immer wieder kurz »anbremsen«, um zu testen, wie es auf die verhaltenden Hilfen reagiert. Wollen Sie zum Halten durchparieren, dürfen Sie auf keinen Fall am Zügel durchhalten, bis das Pferd steht, sondern arbeiten immer nach dem Prinzip der Stotterbremse: Annehmen, nachgeben, annehmen. Nehmen Sie dem Pferd die Stütze am Zügel weg und es balanciert sich über die Hinterbeine aus. Geben Sie ihm die Stütze, bremst es auf der Vorhand, weil das Aufnehmen der Energie mit den gewinkelten Hinterbeine sehr viel anstrengender ist.

Rückwärts mit freier Schulter und gewinkelten Hinterbeinen. Der Reiter bleibt senkrecht und lässt bei jedem Rückwärtstritt die Zügel los, damit das Pferd nicht gegen die Hand geht und dabei die Schulter festmacht.

Rückwärts = vorwärts

Rückwärts geht das Pferd nicht etwa, indem Sie mit dem Zügel rückwärts ziehen, sondern indem Sie es mit einem »vibrierenden« Schenkelsignal (locker aus den Fußgelenken »wackeln«) auffordern, die Beine zu bewegen, es aber nach vorn nicht weglassen. Unterstützen Sie mit einer Stimmhilfe und verschieben Ihre Energie gedanklich nach hinten. Stellen Sie sich vor, wie das Pferd mit freier schulter rückwärts geht, ohne sich auf den Zügel zu legen. Wählen Sie diese Art der »vibrierenden Schenkelhilfe«, um sie deutlich vom vortreibenden Schenkel zu unterscheiden. Das Pferd versucht anfangs auch erst einmal, nach vorn anzutreten, kann vorn aber nicht weg, weil Sie vorne begrenzen. Weil Sie weiterhin mit Schenkelsignal sagen »Beweg' die Füße«, macht es den ersten Tritt rückwärts. Durch Lob und sofortiges Nachgeben am Zügel zeigen Sie dem Pferd, dass das die gewünschte Reaktion war. Wichtig beim Rückwärtsrichten ist, dass das Pferd nie die Schulter nach unten drückt und sich auf den Zügel legt. Deswegen müssen Sie immer schnell am Zügel nachgeben, sobald das Pferd die Schulter anhebt und nach hinten treten will.

Zusätzliche angelernte Hilfen wie z.B. zum Rückwärtsrichten angehobene Hände können später die erste Hilfenkombination teilweise ersetzen und auch hier zu einer Hilfenminimierung führen.

Biegung als Grundlage für das Geradeausgehen

Jede Biegung erfordert im Prinzip die gleiche Hilfenkombination – egal ob es sich um einen einfachen Zirkel, um eine Hinterhandwendung oder Traversale handelt. Sie schieben die Hüfte in Bewegungsrichtung vor und schauen in die Richtung, in die Sie reiten wollen (Kopfdrehung). Stellen Sie das Pferd im Genick mit dem seitwärts geführten inneren Zügel und kontrollieren mit dem äußeren Zügel die Abstellung des Halses, die äußere Schulter und die Genickbeugung (die Nachgiebigkeit im Genick des Pferdes). Insbesondere der innere Zügel darf nie rückwärts wirken. Die innere Hand bleibt vorne und oben. Bleiben Sie auf allen gebogenen Linien mittig über dem Pferd und belasten Sie beide Gesäßknochen gleichmäßig. Der Oberkörper bleibt »kastenförmig«, auf allen Seiten gleich lang, ohne Verdrehungen und Verwindungen und dem »beliebten« Einknicken in der Hüfte. Achten Sie darauf, die innere Schulter nicht nach hinten zu verdrehen. Damit würde die äußere Hüfte nach vorne kommen und das Pferd dazu veranlassen, nach außen zu drängen.

Haupthilfen für das Reiten auf gebogenen Linien sind Beckenausrichtung und Blickrichtung sowie eine gute Orientierung im Raum und das präzise

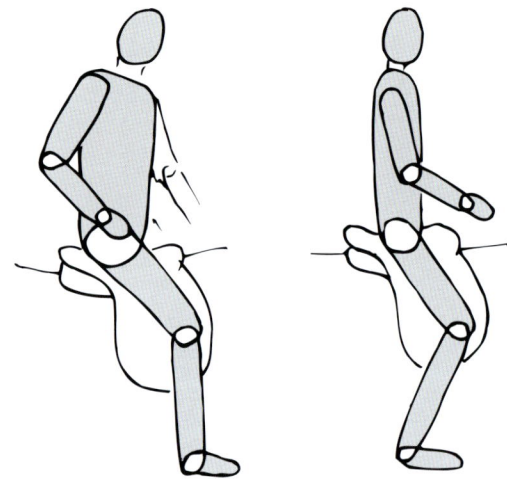

Vermeiden Sie Verdrehungen und Verwindungen im Oberkörper.
Links sieht man, was passiert, wenn innere Hand und innere Schulter des Reiters zurückgezogen werden: Die innere Hüfte kommt nach hinten, die äußere vor. Damit veranlasst man das Pferd zum Ausweichen über die äußere Schulter.
Rechts sieht man die richtige Haltung: Der Oberkörper bleibt »kastenförmig«, auch auf den gebogenen Linien. Innere Hüfte und innere Hand bleiben vorne.

Vorstellungsbild davon, wie sich Reiter plus Pferd auf der gebogenen Linie bewegen.

Zügel- und Schenkelhilfen sind zweitrangig. Beide werden immer impulsartig eingesetzt. Versuchen Sie nie, das Pferd mit dem Schenkel irgendwohin zu drücken (mit dem klemmenden/drückenden Schenkel würden Sie Ihr Becken blockieren und in der Folge den Pferderücken und die Vorwärtsbewegung). »Locken« Sie es stattdessen hinter Ihrer Ausrichtung her und geben Sie mit dem Schenkel nur Impulse für »mehr

Vorwärts«. Schenkelimpulse können Sie immer gut durch Gertenimpule ersetzen. Setzen Sie die Gerte dort ein, wo das Pferd der Biegung ausweicht: hinten, wenn die Kruppe herausdrängelt oder vorne an der Schulter, wenn es die Schulter irgendwohin drückt. Versuchen Sie auch nie, das Pferd mit dem nach hinten wirkenden inneren Zügel in eine Wendung hineinzuziehen: Das Pferd würde nach außen über die Schulter ausweichen. Man sagt, Wendungen werden am äußeren Zügel geritten. Das bedeutet, dass der innere Zügel das Genick leicht stellt und dann »arbeitslos« wird. Der äußere Zügel hält flexiblen Kontakt wie ein »Gummiband« und verhindert, dass das Pferd ie Schulter nach außen drückt.

Wichtig ist die Gleichmäßigkeit der Biegung. Das Pferd darf im Hals nicht stärker gebogen sein als im restlichen Körper. Wie beim Spannungsbogen der Oberlinie ist auch die Längsbiegung nur richtig, wenn sie keinen Knick oder Bruch aufweist. An jedem »Knick« hat das Pferd nämlich die Möglichkeit, sich den Hilfen des Reiters zu entziehen.
Je besser das Pferd auf die Hilfenkombination zur Biegung reagiert, desto passiver werden schließlich alle Hilfen, die normalerweise aktiv die Biegung herbeiführen und erhalten müssen. In der Vollendung biegen Sie das Pferd nur noch über den Sitz (die Beckenstellung) und die Blickrichtung.

Die richtige Minimierung der Hilfen funktioniert immer von häufiger gegebenen und etwas groberen Hilfen zu weniger häufig gegebenen und feineren Hilfen und »Kürzeln«. Verzichtet man von vornherein in der Ausbildung des Pferdes auf bestimmte angelernte Hilfen, wie z.B. den differenzierten Schenkelimpuls, so ist das Pferd zwar

Hinschauen, wohin man reitet, und damit dem Pferd die Bewegungsrichtung vorgeben. Das Pferd wird in der Längsachse gleichmäßig auf die gebogene Linie eingestellt.

durchaus irgendwie lenkbar und kontrollierbar, aber nicht sauber zu gymnastizieren. Das rächt sich bei allen komplizierteren Lektionen und führt oft zu einem anatomisch falschen und deswegen schädlichen Reiten auf der Vorhand.

Zum Schluss noch ein Wort zur Angst. Früher oder später erwischt es jeden einmal: vor bestimmten Pferden, Gangarten oder Lektionen bekommt man Angst. Diese zu überwinden, gehört zum Reiten dazu.

Zum Abwenden den Kopf in die gewünschte Richtung drehen, den inneren Gesäßknochen vorschieben, im Oberkörper jedoch gerade und stabil bleiben (alle Seiten gleich lang). Die innere Hand zeigt bei Bedarf den Weg in die Wendung. Das Pferd ist auf der Zirkellinie in der Längsachse nur wenig, aber gleichmäßig gebogen.

Was man gegen Angst tun kann

Gewisse Bedenken, die der angehende Reiter im Umgang mit einem »unberechenbaren Kraft- und Energiebündel« wie dem Pferd hat, sind durchaus berechtigt. Dummerweise haben auch Pferde vor vielen Dingen Angst. Im ungünstigsten Fall verstärken Reiter und Pferd ihre Ängste gegenseitig.

Durch Erwerb von Wissen und Erfahrung sowie durch praktische Übungen und Training können jedoch das vorhandene Risiko stark eingeschränkt und Ängste abgebaut werden. Folgende Fragen sind für uns als Reiter interessant:

- Warum haben Mensch und Pferd Angst?
- Was löst Angst aus?
- Wie bekommt man die Angst in den Griff?

Warum haben Mensch und Pferd Angst?

Diese Frage ist leicht zu beantworten. Die Antwort lautet in ihrer einfachsten Form: »Die Angst hat sowohl dem Pferd als auch dem Menschen ermöglicht zu überleben«.

Ängste sind eine Art Frühwarnsystem für potenzielle Lebensgefahren. Das gilt beim Menschen insbesondere für das primitive Angstsystem, das limbische System. Es ist nicht bewusst kontrollierbar und kann bei einer Bedrohung zwei verschiedene Impulse geben, die unterschiedliche Reaktionsmuster hervorrufen: Das eine Schema ist eine Angst-Flucht-Panik-Reaktion, das andere

die Angst-Kampf-Wut-Reaktion. Welches der beiden Muster zum Tragen kommt, ist abhängig von der Situation. Was in diesem Zusammenhang interessant ist, ist jedoch die nahe Verwandtschaft von Wut und Panik – es sind nämlich beides starke Angstreaktionen. Das Pferd neigt grundsätzlich zu den gleichen grundlegenden Verhaltensmustern aus dem primitiven Angstsystem.

Was löst Angst aus?

Die Ängste des Menschen – und damit die Angstauslöser – sind enorm vielfältig. Die Angst vor dem eigenen Tod und ihre Spielarten – die Angst vor dem Fallen, vor Verletzungen, vor Bewegungsunfähigkeit – sind tief verwurzelt. Als soziales Wesen reagiert der Mensch jedoch auch mit Ängsten auf den Verlust eines nahe stehenden Menschen oder auf den Entzug von Anerkennung durch eine soziale Gruppe. Schaut man sich die Angstpalette des Pferdes an, so sieht man viele Gemeinsamkeiten zu der des Menschen, denn beide sind soziale »Herdenwesen« mit ausgeprägter eigener Individualität. Eine besondere Art der Angst ist beim Menschen die Angst vor dem Verlust der Kontrolle über eine Situation, über einen anderen Menschen oder auch – was uns hier besonders interessiert – über das Pferd.

Wir sehen uns beim Umgang mit Pferden mit zwei auf den ersten Blick unvereinbar erscheinenden *Problemkreisen der Angst* konfrontiert. Der Mensch hat Angst vor dem Verlust der Kontrolle (über das Pferd), und das Pferd hat Angst vor der Einschränkung seiner Beweglichkeit (durch den Menschen). Beide besitzen ein primitives Angstsystem, welches dazu neigt, die Kontrolle an sich zu reißen, wenn es eine Gefahr

für Leib und Leben zu erkennen glaubt, und reagieren mit Flucht und Panik oder mit Wut und Kampf.

Der Schlüssel, weswegen eine Zusammenarbeit von Mensch und Pferd trotzdem recht gut funktionieren kann, sind im Prinzip die verbliebenen Ängste des Pferdes, der Verstand des Menschen, der sich diese Ängste zunutze macht und die Möglichkeit der Desensibilisierung auf Angstauslöser durch Gewöhnung.

Wie bekommt man die Angst in den Griff?

Der Mensch hat neben dem limbischen System zusätzlich zwei weitere Schaltsysteme, die sich mit seinen Ängsten – und mit deren Kontrolle – beschäftigen. Er besitzt ein Bewusstsein, welches Entscheidungen trifft, und ein rationales Angstsystem, welches auf die Impulse aus dem primitiven Angstsystem reagiert und diese prüft.

Mit diesen Schaltsystemen sind wir in der Lage, Impulse aus dem limbischen System zu kontrollieren und zu modifizieren. Die Urängste des Menschen, wie die Angst zu fallen und die Angst, die Kontrolle zu verlieren, können über das rationale Angstsystem gesteuert werden, weil es auch individuelle Erfahrungen und erlernte Fähigkeiten des Einzelnen berücksichtigt. Das rationale Angstsystem fragt einfach ausgedrückt: »Kann ich mit meinen Fähigkeiten mit dieser Situation umgehen, ohne dass es mich umbringt, oder nicht«? Mit Hilfe dieses Systems kann auch eine Desensibilisierung durch Gewöhnungsprogramme vorgenommen werden. Im Prinzip ist das System für das Pferd das gleiche: Flucht- oder Kampfimpulse aus dem primitiven Angstsystem werden auf ihre soziale Verträglichkeit und auf ihre Durchführbarkeit hin überprüft und gegebenenfalls verworfen.

Positive Kreisläufe in Gang setzen

Mit den Mechanismen der Bodenarbeit und dem grundsätzlichen Verständnis für die Psychologie des Pferdes haben Sie die ersten Kontrollinstrumente gewonnen, mit dem Erlernen eines stabilen, ausbalancierten und damit sicheren Sitzes das nächste. Damit reduzieren Sie Ihre eigene Angst. Und je sicherer Sie selbst werden, desto angstfreier und vertrauensvoller wird auch das Pferd auf Sie reagieren. Der positive Kreislauf von Angstreduzierung und Sicherheit ist in Gang gesetzt.

Bodenarbeit ist dazu geeignet, Ängste bei Pferd und Mensch abzubauen und Vertrauen zu entwickeln. Das Überwinden eines schwankenden Untergrundes (der Wippe) ist ein Vertrauensbeweis des Pferdes. Auch beim Reiten können Sie Hilfsmittel, wie Stangen und andere Markierungen nutzen, um die Aufmerksamkeit des Pferdes (und des Reiters) von möglichweise Furcht erregenden Dingen abzulenken.

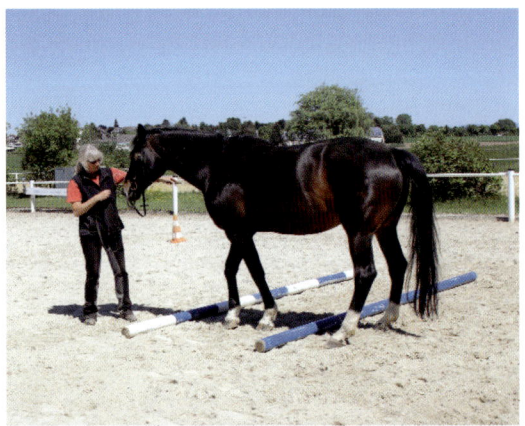

DieFähigkeiten des Reiters

6 Ein Überblick

Die Fähigkeiten des Reiters im Überblick

Zum besseren Verständnis sind die Fähigkeiten nachfolgend in sechs Bereiche getrennt, tatsächlich greifen sie jedoch ineinander. Sie können an dieser Zusammenstellung leicht erkennen, dass das eigentliche »Auf-dem-Pferd-Sitzen« nur einen kleinen Teil des Lernprogramms ausmacht. Natürlich verlangt niemand von Ihnen, dass Sie alles auf einmal lernen. Reiten lernen braucht Zeit und Geduld. Dieser kleine Einführungsband soll Ihnen dabei helfen, die Geduld nicht zu verlieren und zu verstehen, warum etwas vielleicht nicht so klappt, wie Sie sich das vorstellen.

■ 1. Wissen erwerben und »Sehen lernen«

- Grundkenntnisse in Anatomie, Psychologie und Bewegungslehre erwerben.
- Bedürfnisse des Pferdes erkennen und berücksichtigen.
- Verhalten und Reaktionen des Pferdes verstehen.
- Warum eine bestimmte Haltung des Pferdes und des Reiters aus anatomischen Gründen notwendig ist.
- Bodenarbeit als Vorübung für Anfänger: Reaktionen des Pferdes auf eigene Signale von Boden aus testen. Erste Schritte zu bewussten Bewegungen und deutlichen Signalen.
- Gutes und schlechtes Reiten einschätzen und beurteilen lernen und sich »das Richtige« abschauen, Harmonie und Disharmonie in Bewegung erkennen.

■ 2. Balance in der Bewegung Sitzen lernen

- Bewegungsrhythmus und Takt des Pferdes an der Longe erfühlen.
- Dynamisches Gleichgewicht erreichen, sitzen lernen.
- Die Gleichgewichtstheorie als Grundlage für einfache Hilfen verstehen.
- Entwicklung von Körpergefühl, Koordination und Bewegungsgefühl:
  Für die Hilfegebung auf dem Pferd brauchen Sie die Fähigkeit, Ihre eigenen Bewegungen bewusst wahrzunehmen und gemäß den Reaktionen des Pferdes zu modifizieren.

■ 3. Logisch denken · überlegt handeln · richtige Kommunikationssysteme

- Verständnis für Zusammenhänge entwickeln. Das Kommunikationssystem (Hilfensystem) verstehen.
- Angelernte und natürliche, treibende und verhaltende Hilfen unterscheiden. »Logische« Hilfenkombinationen verstehen, erkennen und verwenden.
- Körpersignale gezielt und bewusst einsetzen, ohne dabei die Balance auf dem sich bewegenden Pferderücken zu verlieren.
- Eigene Grenzen erkennen und nichts Unmögliches von sich selbst und vom Pferd verlangen.

Danksagung

- **4. Emotionale Kontrolle Souveränität zeigen · Angst reduzieren**
  - Ängste verstehen und akzeptieren.
  - Angstreduzierung und Sicherheit durch Erwerb von Wissen und Können und durch Vertrauensaufbau zwischen Pferd und Reiter.
  - Ruhe bewahren und souverän auftreten.

- **5. Basislektionen umsetzen und üben**
  - Das Gefühl für die Intensität und das Zusammenwirken bei Hilfenkombinationen entwickeln.
  - Gefühl für die Reaktionen und Bewegungsvorgaben unterschiedlicher Pferde bekommen.

- **6. Reflektieren und aufschreiben**
  um das Verständnis zu festigen.

Mein Dank gilt allen Reitern und Pferden, mit denen ich in den letzten Jahren arbeiten durfte, insbesondere den »Mitarbeitern« an diesem Buch als Model oder Fotograf (in alphabetischer Reihenfolge):
Hakan Baydemir (Erin), Heidrun Alexander-Borngässer (Allan), Simone Braun (Allan), Martina Engelberg (Feline), Anja Gebauer, Laura Idler (Billy), Julia Jung, Dr. Ulrich Kipper, Dr. Michaela Kipper, Judith Linke (Magic), Bettina Meints-Korinth (Carla), Volker Michael Menz und Rita Senier (Ole und Orke), Annette Müller, Jeanette Pacher (Mani), Effi B. Rolfs (Korsarz), Anne Schwab (Elvis), Verena Troschke (Nynke) Carolin Sellmann (Billy), Christiane Sturm (Fina) Heidrun Süßmuth (Lahib), Antonia Ullrich (Leonardo), Stephany und Jürgen Wahrhusen (Aldebaran und Diego), Patricia Werner (Liora)

Kerstin Diacont widmet sich seit über 30 Jahren der ganzheitlichen Ausbildung von Pferd und Reiter. Sie nutzt dabei Know-how aus verschiedenen Reitweisen, aus anderen Sportarten, aus der Körper- und Energiearbeit sowie aus dem mentalen Training.

In vielen Büchern und in der dreiteiligen Videoserie »Einfach reiten lernen« stellt sie ihr Konzept für ein harmonisches Miteinander von Reiter und Pferd vor. Grundidee ist dabei die Vorstellung von Reiter und Pferd als ein geschlossenes System in Bewegung, das vom Reiter gesteuert und vom Pferd mit Energie versorgt wird. Gleichgewicht, Losgelassenheit, Bewegungsfreiheit und Stabilität sind dabei die Schlüsselbegriffe für das gesamte System.

Zentrales Element ihres Ausbildungskonzeptes ist der ausbalancierte und stabile Sitz des Reiters, ohne den dieser nicht deutlich mit dem Pferd kommunizieren kann. Der »Gleichgewichts-Sitz« ist nicht an ein ein bestimmtes Reitsystem gebunden und funktioniert für alle Rassen und Einsatzgebiete.

Unsere Erfolgsreihen auf einen Blick

Die Reitschule (Auswahl)

Urte Biallas, **Bodenarbeit**, ISBN 978-3-275-01708-9
Kerstin Diacont, **Horsemanship-Training**, ISBN 978-3-275-02058-4
Kerstin Diacont, **Klassische Arbeit an der Hand**, ISBN 978-3-275-02125-3
Kerstin Diacont, **Seitengänge für feines Reiten**, ISBN 978-3-275-02137-6
Kerstin Diacont, **Richtig Schritt reiten**, ISBN 978-3-275-02225-0
Kerstin Diacont, **Den Trab richtig reiten**, ISBN 978-3-275-02241-0
Kerstin Diacont, **Den Galopp richtig reiten**, ISBN 978-3-275-02273-1
Monika Hannawacker, **Zirkuslektionen**, ISBN 978-3-275-01831-4
Monika Hannawacker, **Reiten mit Halsring und gebisslosen Zäumungen**, ISBN 978-3-275-02288-5
Andrea Lipp, **Arbeit am Langen Zügel für Einsteiger**, ISBN 978-3-275-02226-7
Britta Schön, **Fit für die A-Dressur**, ISBN 978-3-275-02059-1
Sabine Schweickert, **Fahren für Einsteiger**, ISBN 978-3-275-02169-7
Viviane Theby, **So lernen Pferde**, ISBN 978-3-275-02081-2
Sigrid Weppelmann/Sandra Mensmann, **Longieren**, ISBN 978-3-275-01727-0
Inga Wolframm, **7 Schritte zum angstfreien Reiten**, ISBN 978-3-275-02054-6
Inga Wolframm, **Springen für Einsteiger**, ISBN 978-3-275-02242-7

Die Hundeschule (Auswahl)

Annegret Bangert, **Begleithund-Prüfung**, ISBN 978-3-275-02179-6
Petra Krivy/Angelika Lanzerath, **Was ein Welpe lernen muss**, ISBN 978-3-275-02292-2
Petra Krivy/Angelika Lanzerath, **Hunde verstehen**, ISBN 978-3-275-02116-1
Petra Krivy/Angelika Lanzerath, **Einfach gut erzogen**, ISBN 978-3-275-02082-2
Petra Krivy/Angelika Lanzerath, **Mein Hund im Flegelalter**, ISBN 978-3-275-02115-4
Monika Schaal/Ursula Daugschieß-Thumm, **Lockere Leine**, ISBN 978-3-275-02161-1
Monika Schaal/Petra Rammelsberger, **Bodenarbeit mit Hunden**, ISBN 978-3-275-02158-1
Monika Schaal, **Der Weg zum aufmerksamen Hund**, ISBN 978-3-27502201-4
Julia Schuster/Jochen Schleicher, **Dog Frisbee**, ISBN 978-3-275-01755-3
Karen Uecker, **Hunde spielend motivieren**, ISBN 978-3-275-01998-4
Manuela van Schewick, **Apportieren mit Spaß**, ISBN 978-3-275-01754-6

happy cats

Dayana Winkler, **Katzen-Tricks mit Clicker**, ISBN 978-3-275-01999-1

Jedes Buch mit 96 Seiten,
ca. 80 Abb., broschiert,
ab € 11,95 / € (A) 12,40

Pferdeglück

Pferdewissen

Zur richtigen Fürsorge für unsere liebsten Vierbeiner gehört auch die richtige Lektüre: in Cavallo steht alles, was die Pferdehaltung besser macht – und die Pferdeliebe intensiver.

CAVALLO

Für Pferd & Reiter: **Training mit Balance-Pads**

HILFE BEI DRÄNGLERN
So verschafft sich Katja Schnabel Raum

FÜR SENIOREN
Welches Futter die Darmflora stärkt

GALOPP-WECHSEL
Ausbildungs-Tipps für den Fliegenden

DOSSIER

WIEDER-EINSTEIGER:
Verlernt man Reiten wirklich nicht?

MUSTANG-ADOPTION
Exklusiver Vor-Ort-Bericht aus den USA

Der Weg zum offenen Genick

FÜR GESUNDE BEWEGUNGEN UND WOHLBEFINDEN

> 10 Übungen, wie die Nase nach vorne kommt und bleibt
> Wie Sie Probleme lösen – ob Einrollen oder falscher Knick

Jeden Monat am Kiosk oder am besten gleich im Abo.

Web: www.cavallo.de
Telefon: 0781 6396659
E-Mail: cavallo@burdadirect.c